VOCABULÁRIO DE PLATÃO

VOCABULÁRIO DE PLATÃO

Luc Brisson
Jean-François Pradeau

Tradução
CLAUDIA BERLINER
Revisão técnica
TESSA MOURA LACERDA

wmf **martinsfontes**

SÃO PAULO 2019

Esta obra foi publicada originalmente em francês com o título
LE VOCABULAIRE DE PLATON
por Les Éditions Ellipses, Paris
Copyright © Ellipses/Édition Marketing, França
Copyright © 2010, Editora WMF Martins Fontes Ltda.,
São Paulo, para a presente edição.

1ª edição 2010
2ª tiragem 2019

Tradução
CLAUDIA BERLINER

Revisão técnica
Tessa Moura Lacerda
Acompanhamento editorial
Luzia Aparecida dos Santos
Revisões gráficas
Maria Fernanda Alvares
Helena Guimarães Bittencourt
Edição de arte
Katia Harumi Terasaka
Produção gráfica
Geraldo Alves
Paginação
Moacir Katsumi Matsusaki

Dados Internacionais de Catalogação na Publicação (CIP)
(Câmara Brasileira do Livro, SP, Brasil)

Brisson, Luc
  Vocabulário de Platão / Luc Brisson, Jean-François Pradeau ; tradução Claudia Berliner ; revisão técnica Tessa Moura Lacerda. – São Paulo : Editora WMF Martins Fontes, 2010. – (Coleção vocabulário dos filósofos)

  Título original: Le vocabulaire de Platon.
  ISBN 978-85-7827-187-9

  1. Platão – Glossários, vocabulários, etc. I. Pradeau, Jean-François. II. Título.

09-09276   CDD-184

Índices para catálogo sistemático:
1. Filosofia platônica : Glossários 184

Todos os direitos desta edição reservados à
Editora WMF Martins Fontes Ltda.
Rua Prof. Laerte Ramos de Carvalho, 133 01325-030 São Paulo SP Brasil
Tel. (11) 3293.8150 e-mail: info@wmfmartinsfontes.com.br
http://www.wmfmartinsfontes.com.br

O vocabulário platônico não tem, nos diálogos, a rigidez acadêmica a que o submetemos aqui deliberadamente. Foi somente depois de Aristóteles, à medida que se sucediam as escolas platônicas (desde a fundação da Academia por Platão em 387 a.C. até o desaparecimento da Escola de Atenas em 529 d.C.), que uma língua platônica rígida se cristalizou entre os herdeiros e os comentadores, segundo orientações e escolhas que, consideradas retrospectivamente, afastam-se consideravelmente da obra platônica.

Mas, apesar de nosso projeto não levar em conta a posteridade neoplatônica, ele nem por isso é menos didático. Platão, como todo filósofo, tentou resolver *problemas* forjando *conceitos*. Mais que a termos, muitos dos quais não têm equivalentes estritos e únicos em francês, foi a esses conceitos (o conhecimento, as formas inteligíveis, a alma) que dedicamos as breves exposições que se seguem, privilegiando aqueles cuja elaboração e posterior uso ocupam o conjunto ou a maior parte da obra. Os comentadores antigos, que ensinavam Platão como se reaviva um conjunto de verdades incontestáveis, interessavam-se mais do que qualquer coisa pela maneira como aquele que eles consideravam o Filósofo tinha exposto essas verdades. Procuravam nos diálogos uma *metodologia do verdadeiro*. Nosso platonismo, ainda que inveterado, ganhou uma forma mais moderna: tentamos mostrar como Platão trabalhava um discurso de modo que satisfizesse esse desejo de saber que ele queria transformar no modelo da vida boa.

Luc Brisson e Jean-François Pradeau, Paris-Fenioux, abril de 1998.

A obra de Platão foi revelada à Europa ocidental, em sua integralidade, pela tradução latina feita por Marsílio Ficino em 1483-1484. A primeira edição moderna do texto grego data de 1534, e foi em 1578, em Genebra, onde Henri Estienne tinha se refugiado para escapar das perseguições católicas contra os protestantes, que ele publicou a edição a partir da qual estamos acostumados a citar Platão. Essa edição completa das *Obras* de Platão compreende três tomos com uma paginação contínua. Em cada página há duas colunas: na coluna da direita está impresso o texto grego, e, na da esquerda, encontramos uma tradução latina realizada por Jean de Serres. No meio, entre as duas colunas, aparecem cinco letras (a, b, c, d, e), que dividem mecanicamente em cinco parágrafos as duas colunas de cada página. Essa disposição explica o modo de citar Platão. Menciona-se primeiro o título da obra. Em seguida, depois de ter assinalado o número do livro (no caso da *República* ou das *Leis*), indica-se a página da edição de Henri Estienne (sem precisar o tomo); por fim, especifica-se o parágrafo a que se está fazendo referência, ou mesmo a linha. Por exemplo, *Timeu* 35a (página 35, parágrafo a) ou *República* VII, 514b2 (livro VII, página 514, parágrafo b, segunda linha).

Quando se trata da transliteração dos termos gregos em caracteres latinos, adotamos a forma mais simples, distinguindo apenas ε e η (*e* e *ê*), além de o e ω (*o* e *ô*), sem indicar acento.

Quanto às abreviações dos títulos dos diálogos, a lista está na página 9.

ABREVIAÇÕES

Abreviação	Título do diálogo	Tradução francesa utilizada e eventualmente modificada
Alc.	Primeiro *Alcibíades* [(Premier) *Alcibiade*]	C. Marbœuf e J.-F. Pradeau, Flammarion, GF, 1999.
Apo.	*Apologia de Sócrates* [*Apologie de Socrate*]	L. Brisson, Flammarion, GF, 1997.
Ban.	Banquete [*Banquet*]	L. Brisson, Flammarion, GF, 1999.
Cárm.	*Cármides* [*Charmide*]	L.-A. Dorion, Flammarion, GF, 2004.
Crá.	*Crátilo* [*Cratyle*]	C. Dalimier, Flammarion, GF, 1998.
Crí.	*Crítias* [*Critias*]	J.-F. Pradeau, Belles Lettres, 1997.
Eut.	*Eutidemo* [*Euthydème*]	M. Canto, Flammarion, GF, 1989.
Féd.	*Fédon* [*Phédon*]	M. Dixsaut, Flammarion, GF, 1991.
Fed.	*Fedro* [*Phèdre*]	L. Brisson, Flammarion, GF, 1995^2.
Fil.	*Filebo* [*Philèbe*]	J.-F. Pradeau, Flammarion, GF, 2002.
Gór.	*Górgias* [*Gorgias*]	A. Croiset revisto por J.-F. Pradeau, Belles Lettres, 1997.
Híp. mai.	*Hípias maior* [*Hippias majeur*]	A. Croiset, Gallimard.
Laq.	*Laques* [*Lachès*]	L.-A. Dorion, Flammarion, GF, 1997.
Lei.	*Leis* [*Lois*]	E. des Places (I-VI), depois A. Diès (VII-XII), Belles Lettres, 1951-1956.
Lís.	*Lísias* [*Lysis*]	L.-A. Dorion, Flammarion, GF, 2004.
Mên.	*Mênon* [*Ménon*]	M. Canto, Flammarion, GF, 1991.
Par.	*Parmênides* [*Parménide*]	L. Brisson, Flammarion, GF, 1994.

Pol.	*Político* [*Politique*]	L. Brisson e J.-F. Pradeau, Flammarion, GF, 2003.
Pro.	*Protágoras* [*Protagoras*]	F. Ildefonse, Flammarion, GF, 1997.
Rep.	*República* [*République*]	P. Pachet, Gallimard, 1993.
Sof.	*Sofista* [*Sophiste*]	N.-L. Cordero, Flammarion, GF, 1993.
Teet.	*Teeteto* [*Théétète*]	M. Narcy, Flammarion, GF, 1994.
Tim.	*Timeu* [*Timée*]	L. Brisson, Flammarion, GF, 1995^2.

Alma
Gr.: *Psykhé*/ψυχή – Fr.: *Âme*

* A natureza da alma é ser princípio (*arkhê*) de movimento. Eternamente móvel e, por isso, imortal, ela é também a causa primeira de todos os movimentos (*Fed.*, 245c-246a): dos movimentos físicos, quer se trate dos movimentos dos elementos ou daqueles, voluntários, dos seres vivos; e dos movimentos propriamente psíquicos, que são a sensação e a reflexão (a intelecção). Essa primazia natural da alma torna-a, contudo, difícil de ser conhecida: dessa realidade intermediária entre o sensível e o inteligível, só se pode dar uma representação.

** Como causa do movimento e sujeito do conhecimento, a alma exerce um certo número de funções. Uma vez encarnada, a alma deve, com efeito, animar o corpo ao qual está ligada: deve movê-lo e conhecê-lo, ou seja, governá-lo. O dualismo platônico não implica uma heterogeneidade e uma separação das funções corporais e psíquicas, mas, ao contrário, sua complementaridade; a alma possibilita a animação do vivente, ou seja, a conservação e o desenvolvimento do corpo ao qual ela dá vida.

A questão que se coloca, então, é saber como esse movimento automotor que é a alma pode mover uma realidade sensível cambiante e tomada, devido à sua constituição, por movimentos diferentes, não exclusivamente circulares (a lista deles pode ser encontrada em *Lei.*, X, 893b-894a). Ainda que o esquema seja o mesmo (a alma deve governar o corpo), as respostas variam conforme os corpos assim animados. Cumpre reconhecer primeiro, como Platão sem dúvida faz a partir da *Rep.*, que tudo o que é vivo e movido no universo é, de uma maneira ou outra, animado. Dir-se-á, portanto, que todos os seres vivos, dos vegetais aos deuses que os astros são, têm uma alma, e depois que o próprio mundo como um todo tem uma alma. Em seguida se explicará, segundo o corpo animado, como a alma consegue ou não exercer sua dupla função motora e cognitiva (*Fed.*, 245c-249d; *Tim.*, 34a-40d, depois 69a-73b).

O corpo é um conjunto complexo de elementos sensíveis cuja configuração e cujos diferentes movimentos não são circulares. A alma, que é perfeita, realiza, ao contrário, tão somente o movimento circular, aquele que é sempre idêntico a si. Como, então, conceber a direção de um conjunto sensível plural, movido de diferentes formas por um movimento circular incorporal? A solução platônica dessa dificuldade, cujas repercussões são tanto físicas quanto psicológicas, consiste em introduzir na alma uma certa forma de pluralidade funcional, afirmando que a alma, conforme perceba ou mova coisas sensíveis ou formas inteligíveis, não se comporta da mesma maneira, não é afetada de maneira igual. Na medida em que esse movimento circular se dá sem obstáculos, a alma dirige sem nenhum choque o corpo que ela conhece e envolve para uma eterna revolução (é o caso do mundo e, em menor medida, dos astros). Quando está encarnada em corpos dos viventes terrestres, a alma fica entravada, especialmente porque os corpos dos viventes terrestres não estão nem isolados entre si (eles se chocam) nem são suficientes (têm necessidades, precisam respirar, alimentar-se, reproduzir-se). A alma deve, então, exercer sua dupla função levando em conta essa necessidade. Deve, em primeiro lugar, exercer uma função sensitiva, a fim de perceber as impressões que afetam o corpo, e, em segundo lugar, uma função diretiva, a fim de ordenar os movimentos desse corpo, de governar sua conduta.

Devido à importância das necessidades corporais e das patologias que as acompanham, a alma não possui espontaneamente o controle do corpo. Por vezes, até, nunca o possui, como é o caso da maioria das vidas animais, durante as quais a alma não pode exercer sua função intelectiva, mas tem de se contentar com garantir a conservação do organismo. No homem, que logo se vê posto numa situação intermediária entre a vida divina e a vida animal, a alma pode exercer conjuntamente suas diferentes funções. Aquelas que são mortais (as funções desejantes e diretivas já não se exercem uma vez desaparecido o corpo e são, portanto, ditas "mortais") e aquela que é imortal (a intelecção). Como se pode notar, essas precisões progressivas dos diálogos sobre a realidade psíquica jamais renunciam à unidade da alma como princípio de movimento e sujeito de conhecimento, mas se contentam com especificar as funções e os meios de que a alma dispõe para efetuar sua dupla função. Ao que parece, Platão não imagina nenhum tipo de divisão da alma. É o que mostra bem claramente o capítulo propriamente psicológico dos diálogos, cujo objetivo é definir a natureza humana de tal modo que se possa dar conta das condutas e dos diferentes modos de vida, explicando como umas e outros resultam de uma certa disposição relativa das diferentes funções psíquicas. É o que mostram por sua vez os relatos escatológicos que descrevem o julgamento das almas humanas uma vez desaparecido o corpo (especialmente em *Gór.*, 523a-527e; *Féd.*, 107d-114d; *Rep.*, X, 613e-621d).

*** A originalidade da "psicologia" platônica consiste sem dúvida em sua surpreendente economia: definida simplesmente como princípio do movimento, inacessível à explicação e somente *representada* por mitos escatológicos ou cosmológicos, é no entanto o tema e o princípio comuns tanto da física quanto da teoria do conhecimento e da psicologia propriamente dita, ou seja, da antropologia. É, pois, a pedra angular de uma doutrina que construiu a hipótese de uma distinção entre o sensível e o inteligível e que tinha de conceber essa realidade intermediária aos dois gêneros a fim de justificar sua comunicação.

Ver: Conhecimento, Corpo, Forma inteligível, Homem, Sensível, Vivente.

Textos: *Alc.*, 128d-132b; *Féd.*, 105b-107a; *Fed.*, 245c-249d; *Rep.*, IV, 434d-445e (as três funções da alma e os três grupos de cidadãos na cidade); *Tim.*, 34a-40d (a alma do mundo), depois 40d-44c e 69a-72d (a alma do homem); *Lei.*, X, 891e-899d.

Belo

Gr.: *Kalós*/καλός – Fr.: *Beau*

* O belo é provavelmente a noção platônica com o mais vasto campo de extensão; existem belos discursos, belos objetos, belos corpos, belos pensamentos e belas ações. Essa diversidade de uso decorre do fato de o belo, objeto dessa paixão chamada amor (*éros*), alçar a alma do sensível ao inteligível. É por amor que se desejam e se descobrem coisas cada vez mais belas.

** Do ponto de vista da sensação, o adjetivo *kalón* designa tudo o que é harmonioso (*sýmmetron*), ou seja, tudo aquilo cujas partes não estão associadas de modo assustador ou ridículo. Por esse motivo, dir-se-á do objeto do amor, um homem ou uma mulher por exemplo, que ele é belo. O que é belo proporciona prazer a quem o olha ou toca, um prazer estético ou erótico (*Fil.*, 46b-47b).

Do ponto de vista ético ou político da conduta, o adjetivo *kalón* é correntemente empregado para designar o que é moralmente conveniente, o que a situação exige. No *Banquete*, Pausanias observa: "Em si mesma, uma ação não é nem bela nem vergonhosa. Por exemplo, aquilo que, por ora, estamos fazendo, beber, cantar, conversar, nada disso é em si uma bela ação; é no modo de realizar essa ação que reside esta ou aquela qualificação. Quando é realizada com beleza (*kállos*) e retidão (*orthós*), essa ação se torna bela (*kalón*), e, quando a mesma ação é realizada sem retidão, ela se torna vergonhosa (*aiskhrón*)." (181a) O essencial da moral tradicional está nessas duas frases, em que *kalón*, o belo, é contraposto a *aiskhrón*, que significa ao mesmo tempo feio (fisicamente) e vergonhoso (moralmente). Por isso é que a coisa bela também é, indistintamente, a coisa boa, agradável e vantajosa; a beleza é uma forma de bondade, ela é um bem vantajoso para aquele que a percebe, ou melhor, que a realiza (*Alc.*, 113c-114e). É o que expõem o *Hípias maior* (285a-b) e *Górgias* (474d-475a), que qualificam igualmente de belo um corpo, uma cor, uma forma, uma voz, uma ocupação, conhecimentos e leis, na medida em que cada um deles proporciona um prazer e uma vantagem. Por esse motivo, finalmente, é que se pode identificar as belas coisas com as boas coisas: o prazer e a vantagem real que a beleza produz contribuem, mais que qualquer outra coisa, para a busca da felicidade.

A beleza, portanto, não é simplesmente uma qualidade do objeto, ela pode qualificar o valor moral de um sujeito que ama ou faz coisas belas. Este se torna "belo". Ou, mais precisamente, sua alma (que é o verdadeiro sujeito da percepção e da conduta) se torna bela. A beleza da alma consistirá na contemplação das mais belas coisas que existem, as formas inteligíveis, e na realização das mais belas coisas de que ela é capaz (os belos pensamentos e os belos discursos; *Fed.*, 250d; *Par.*, 130b). Assim se explica a importância do amor como meio de acesso da alma ao inteligível, em um movimento de ascensão cuja descrição se encontra no *Banquete* (201d-212c) e no *Fedro* (249d-257a). A beleza do corpo conduz à beleza da alma, e a beleza da alma está orientada para a Beleza da qual a alma constitui apenas uma imagem imperfeita. Esse sentimento universal e tão poderoso permite que a alma ascenda, por graus, do sensível ao inteligível e leve consigo nessa ascensão todos aqueles que compartilham do mesmo sentimento. A sacerdotisa Diotima diz assim: "Eis, portanto, a reta via que se deve seguir no domínio das coisas do amor ou pela qual é preciso se deixar conduzir por um outro: trata-se, tomando como ponto de partida as belezas aqui de baixo para ir na direção daquela beleza, de elevar-se sempre, como que por meio de degraus, passando de um só belo corpo para dois, de dois belos corpos para todos os belos corpos, e dos belos corpos para as belas ocupações, e das belas ocupações para os belos conhecimentos certos, e, depois, dos belos conhecimentos certos para esse conhecimento que constitui o termo, aquele que não é outro senão a ciência do belo, com o propósito de finalmente conhecer a própria beleza" (*Ban.*, 211b-c). Por intermédio do amor, a alma passa do conhecimento do sensível ao conhecimento do inteligível e, assim, muda de certa forma de *status*.

*** Embora não se possa afirmar que a forma do Belo e a forma do Bem sejam idênticas, pois são duas Formas distintas, percebe-se em que medida essas formas são parentes e como uma conduz a alma à outra. A intervenção do amor como meio de acesso ao Belo tem um interesse todo particular no contexto da filosofia platônica: trata-se da única paixão que pode ter como objeto ao mesmo tempo o sensível e o inteligível, para o qual ela constitui um meio de acesso incomparável. O filósofo encontra nele, por isso, sua verdadeira definição: ele é um amante.

Ver: Bem, Deus, Forma inteligível, Mundo, Participação.

Textos: *Híp. mai.*, (*passim*); *Híp. mai.*, 285a-b; *Gór.* (474d-475a); *Ban.*, (*passim*); *Ban.*, 181a; *Ban.*, 211b-c; *Fed.*, (*passim*).

Bem

Gr.: *Agathón*/ἀγαθόν – Fr.: *Bien*

> * Na tradição grega, o bem (*tò agathón*) é aquilo cuja posse proporciona a felicidade (*eudaimonía*), que é o fim último perseguido por todo ser humano (*Ban.*, 205a). Por isso, para definir o bem, convém lembrar que para Platão um ser humano é um vivente, definido como a associação provisória de uma alma com um corpo. Nessa perspectiva, os bens para o corpo serão uns e os bens para a alma, outros. E, como a alma e o corpo não têm as mesmas funções, estabelece-se uma ordem de prioridade entre esses bens: o bem da alma deve prevalecer.

> ** Os bens relativos ao corpo são diversos. Trata-se, evidentemente, da saúde, que garante ao corpo a existência biológica mais completa e mais longa possível e lhe permite transmitir seu patrimônio genético. Na medida em que os humanos vivem em comunidade, dois outros bens revelam-se importantes para eles. A riqueza, que lhes dá o poder de se impor no grupo a que pertencem, e honras, que sancionam a qualidade de sua conduta possibilitando-lhes comandar os outros. Ainda que esses bens exteriores tenham sido excluídos da ética por um grande número de platônicos posteriores, tudo indica que têm, nos próprios *Diálogos*, um lugar, secundário em relação aos bens relativos à alma, mas importante (*Ban.*, 200d; *Fed.*,

270b). Em suma, para o corpo o bem reside no fato de ser, ter e fazer o que se desejou ser (com boa saúde), ter (riquezas) e fazer (governar a si próprio e aos outros).

A doutrina de Platão passou por uma evolução quanto à questão de saber em que consiste o bem para a alma. Até a *República*, nota-se uma tendência a aceitar uma concepção monista da alma. Porque uma ação virtuosa supostamente se justifica por si mesma pelo bem que ela proporciona à alma do agente, nunca é melhor nem vantajoso para o agente comportar-se mal, pois isso seria agir de modo vergonhoso, de um modo intrinsecamente feio e que causaria um dano real à melhor parte do homem, ou seja, à sua alma. Mostrar que uma virtude confere à alma um bem, que ela lhe é vantajosa, é o melhor critério de sua superioridade. E como ninguém quer infligir a si mesmo um mal, ninguém pode querer cometer o mal (*Apo.*, 37a; *Pro.*, 345e; *Féd.*, 80e; *Rep.*, IX, 589c). Por via de consequência, a divindade que se situa num nível superior ao homem deve ser boa e só pode ser responsável por bens. Em contrapartida, o fato de sofrer um mal jamais afetará a integridade de um homem bom: a injustiça *sofrida* não pode ser um mal (*Gór.*, 470a-479e). A partir da *República*, porém, a situação se torna mais complexa na medida em que a alma passa a apresentar três funções ou espécies (razão, ira e apetite), numa disposição hierárquica em que o intelecto deve ocupar o primeiro lugar. Para a alma, o bem consiste então na manutenção de uma verdadeira harmonia entre essas três espécies e, sobretudo, na contemplação do inteligível pelo intelecto. Donde uma doutrina das virtudes ou qualidades da alma, que encontra sua correspondência no plano político na tripartição dos grupos funcionais da cidade (os governantes, os guardiões e os produtores). A temperança (*sophrosýne*), o autocontrole de si, dos prazeres e dos comportamentos excessivos, é a virtude da alma toda e da sociedade em seu conjunto: possibilita o acordo e a harmonia entre as espécies da alma e os grupos da cidade. A coragem (*andreía*), que é a virtude dos guardiões, visa a manter na alma e na cidade uma justa avaliação do que é um verdadeiro bem e um verdadeiro mal, um perigo ou não, um inimigo ou um amigo. A sabedoria (*sophía*) é a virtude da parte racional da alma capaz de apreender as Formas e, acima de tudo, o Bem. Enfim, a justiça permite manter na alma e na cidade uma verdadeira ordem, ela é a harmonia das três outras virtudes.

A reflexão moral de inspiração socrática, relacionada com a justificação das ações e com as melhores razões para agir, prolonga-se em Platão na forma de uma reflexão ontológica sobre a natureza da alma e do inteligível. Guiada pela filosofia, a alma toma o divino como meta, a fim de conhecer o que com ele se aparenta. Ela procura se assimilar a Deus na medida do possível (*Teet.*, 176b). O divino deve ser considerado um dos intermediários que, com os *daímons* e as formas inteligíveis, permitem à alma remontar ao Bem, concebido como uma realidade inteligível independente do homem, para a qual a alma do homem justo é atraída. Em outras palavras, mesmo que em Platão os bens só possam ser múltiplos, essa multiplicidade reporta-se a uma única forma, a do Bem, da qual se diz na *República* "que ela está além do ser em dignidade (*presbeiaî*) e em potência (*dynámeî*)" (*Rep.*, VI, 509b). Esse membro de oração que os neoplatônicos invocaram para levantar a hipótese de uma hipóstase, o "Uno-Bem", que se acharia mais além do ser representado pelo Intelecto e pelo Inteligível, deve aqui ser interpretado numa perspectiva minimalista. Assim como a felicidade, que é o fim último do homem, depende do bem, também o inteligível, a existência desta ou daquela realidade se justifica por sua relação com o Bem, que constitui o foco para o qual convergem todas as Formas, sem que, no entanto, elas sejam engendradas por ele. A ideia de que o bem é único, embora hoje pareça óbvia, deve ter chocado os contemporâneos de Platão, a crer na reação dos que assistiram à *Conferência sobre o Bem* dada por Platão, que Aristoxeno de Tarento, com base em relato de Aristóteles, evoca nos seus *Elementos de harmonia*.

No *Filebo*, a vida boa é definida como uma vida mista, feita de uma mistura de prazer e sabedoria. Ora, o valor da mistura está, ainda e sempre, na medida e na proporção, duas noções que desempenham um papel considerável na constituição do caráter. O caráter de uma pessoa resulta de traços relativamente estáveis e se exprime no terreno prático pela deliberação, pela ação e pela justificação das ações. Apresenta-se como um equilíbrio entre as virtudes atribuídas à alma, cuja unidade é produzida pelo esforço pessoal e pela educação. Nesse mundo não pode haver bem na alma se a sociedade não for boa; ética e política são indissociáveis.

*** O mesmo termo "bem" designa um grande número de realidades, desde os objetos que favorecem a felicidade humana até a realidade inteligível mais eminente, passando pela excelência de todas as funções da alma. Contudo, todos os bens pertencem a uma única e mesma realidade que lhes dá ser e significação, o Bem, chamado a desempenhar um papel determinante na história do platonismo.

Ver: Conhecimento, Deus, Forma inteligível, Virtude.

Textos: *Apo.*, 36a-38c (os bens segundo a maioria); *Ban.*, 205a-c (a felicidade e o bem); *Fil.*, 59e-67b; *Pro.*, 342e-345d (os bens tradicionais); *Rep.*, VI, 508a-509d (o sol e o Bem).

Causa

Gr.: *Aitía*/αἰτία - Fr.: *Cause*

* O conhecimento de uma coisa, seja ela qual for, supõe que se possa atribuir-lhe uma causa, cuja definição permitirá não só explicar por que essa coisa é o que é, mas também entender por que essa coisa é, qual é sua razão de ser. A única causa digna desse nome e dessa dupla função é aquela cuja definição permita entender o que é uma coisa qualquer. Enquanto nos ativermos, com os físicos, a uma explicação pelas causas físicas (dizendo, por exemplo, que uma pedra é pesada em virtude dos elementos de que está constituída), não dizemos o que uma coisa é, não a damos a conhecer. Por isso é que Platão subordina a definição das causas físicas à das causas finais, identificando a causa de uma coisa à sua razão.

** A causa deve ser *inteligente* em todos os sentidos do termo, de tal modo que definir a causa de uma coisa permita a um só tempo responder à pergunta "como?" essa coisa é o que é, mas também "por quê?" ela o é.

Platão concebe uma etiologia dupla para escapar do erro de seus predecessores, que tentaram dar conta dos fenômenos naturais a partir de uma causalidade física e mecânica, a das *condições necessárias* da existência de uma coisa. A causa física, embora permita explicar como uma coisa é constituída ou de que ela é feita (a flauta fabricada com determinado tipo de madeira) sem ter de recorrer à hipótese de ações sobrenaturais ou divinas, não permite entender o que ela é (um instrumento musical). A verdadeira causa de uma coisa só pode ser aquilo que permite conhecê-la. Na conversa que compõe o *Fédon* (96e-102a), Sócrates explica sua decepção com relação ao tipo de explicação da natureza das coisas que seus predecessores propuseram. Trata-se dos "físicos", encabeçados por Anaxágoras. À pergunta sobre a razão de ser das coisas da natureza (de seu modo de existência bem como da ordem que as liga), estes responderam com a definição de causas – materiais (este ou aquele dos quatro elementos primordiais) ou mesmo espirituais (uma inteligência cósmica ou princípios como o amor e o ódio) – que explicariam a existência do mundo e sua ordem. Mas estas só podem ser causas secundárias, *condições necessárias* da ordem do mundo, e não uma verdadeira explicação dessa existência e dessa ordem. O mesmo raciocínio se aplicará à ordem das condutas. O que permite explicar que um homem age virtuosamente quando dá provas de coragem? Será o movimento de seus músculos e de seus membros que o leva a se defender de um golpe ou a se lançar contra um inimigo? Estas são apenas condições necessárias, físicas, de seu ato. A razão de seu comportamento consiste, antes, pois somente ela permite entendê-lo, no fim que seu ato persegue e que dá lugar à sua virtude. Nesse sentido, é a própria coragem, como virtude, que é a causa verdadeira de seu ato. Portanto, a etiologia deverá sempre ser bipolar e, em cada coisa, submeter a avaliação dos meios ao fim em vista do qual eles foram dispostos.

Essa etiologia, excetuando algumas modificações lexicais (as causas acessórias são também ditas "segundas" ou "necessárias"), não conhece nenhuma modificação nos diálogos, que sempre distinguem dois tipos de causas: auxiliares e verdadeiras. Assim, no *Timeu*, Platão apresenta a fabricação e a existência do mundo a partir da combinação de uma causa física, a "necessidade", e de uma causa final racional e divina, que é o resultado do trabalho de um deus artesão contemplando as formas inteligíveis (*Tim.*, 57c-d e sobretudo 68e-69a). Na pesquisa sobre a natureza bem como na reflexão sobre a conduta, a necessidade das causas acessórias é igualmente posta, assim como sua submissão, a uma causa inteligente, final. Dessa submissão, a fabricação da alma do mundo fornece um exemplo perfeito: sabendo que o modo de ser da alma é o pensamento, cumpre subordinar as causas acessórias de sua encarnação (já que ela está ligada a um corpo) ao fim que o pensamento é. Por isso o demiurgo forjou um corpo esférico, para que pudesse ser movido pelos movimentos circulares da alma (*Tim.*, 33a-d e 36d-37a). Na ordem da cosmologia, distinguem-se três causas para explicar a geração do mundo sensível: o deus demiúrgico (artesão da fabricação do mundo), as Formas inteligíveis (que o artesão toma como modelo para realizar sua obra) e a "*khôra*"; nenhuma dessas causas é sensível.

Na ordem da física, do conhecimento da natureza, a definição das causas deve, portanto, permitir explicar concomitantemente *como* são as coisas sensíveis (de que elementos são feitas, quais são suas medidas e seus movimentos) e *por que* elas são; em outras palavras, em virtude de que elas diferem, por que estão ordenadas de uma maneira e não de outra. O exame das causas físicas só permitirá responder à primeira dessas perguntas, a segunda exige uma verdadeira explicação da razão de ser das coisas. O fato de que o mundo como um todo e em suas partes resulte da mistura de quatro elementos não define sua razão de ser. Esta só pode ser formulada se se explicar por que ele é constituído assim. Se a causa final torna isso possível é, em primeiro lugar, porque estabelece o vínculo entre causa e efeito que existe entre os movimentos do mundo e qual a verdadeira causa desses movimentos, isto é, a alma, que Platão define como causa última do movimento.

Contudo, o fato de que com a alma do mundo uma inteligência presida a ordem do mundo não bastaria tampouco para explicar o que o mundo é. Nesse assunto, cumpre recuar mais e não se contentar com uma hipótese estritamente antropomórfica ou teológica da causalidade, aquela que nos faria considerar que as coisas são assim simplesmente devido a uma vontade divina. A verdadeira causa, na medida em que deve dar a conhecer a coisa que é seu efeito, deve explicar o que ela é. Por exemplo, para retomar o argumento do *Fédon*, se uma coisa é bela, não pode ser devido à sua constituição física (pois há outras coisas belas, constituídas de outra maneira): "é pelo belo que as belas coisas se tornam belas" (100e). Quanto a saber como as belas coisas participam do belo, da forma do belo, esse é o objeto de uma outra discussão, aquela que concerne à participação.

*** A crítica da causalidade, tal como fora concebida pelos predecessores, prepara, nos diálogos, a identificação entre causa e razão. Logo, de direito, não haverá nenhuma distinção entre o objeto do conhecimento (a Forma inteligível percebida pelo intelecto) e a realidade (da qual essa Forma é o princípio), precisamente devido ao fato de que a busca das causas deve estabelecer a inteligibilidade do real. A causa é indistintamente causa da existência e causa do conhecimento daquilo de que ela é causa. A etiologia, fundamentada na hipótese das Formas, terá portanto permitido estabelecer que a verdadeira causa de uma coisa, sua realidade, só pode ser concebida pelo pensamento.

Ver: Alma, Forma inteligível, Participação, Sensível.

Textos: *Lei.*, X, 888e-892d (os dois tipos de causas e a alma como causa); *Féd.*, 97b-99d; *Rep.*, VI, 506e-509b (sobre a forma do bem como causa); *Tim.*, 46c-47a (aplicação à visão da distinção das causas racionais e das causas acessórias).

Cidade

Gr.: *Pólis*/πόλις– Fr.: *Cité*

* A cidade é objeto da preocupação central da filosofia platônica, que sempre toma como horizonte de suas investigações, mesmo as mais especulativas, a melhor maneira de governar a vida comum. Para levar uma vida feliz, a cidade deve realizar uma unidade, que Platão apresenta como sendo a de uma alma, de um objeto técnico e depois de um vivente.

** Embora a concepção platônica da cidade sofra certo número de modificações nos diálogos, a questão política à qual essas sucessivas abordagens procuram responder permanece sempre idêntica: como unificar uma multiplicidade? O múltiplo em questão é o dos elementos que compõem a cidade e o das funções e forças diversas que nela se encontram. Contudo, não se trata somente de uma multiplicidade de homens; com efeito – este é um dos traços característicos do pensamento político platônico –, a cidade é composta tanto de homens como de recursos naturais, de bens e de objetos técnicos. Nos limites de um território, são portanto elementos heterogêneos que convém reunir para produzir uma vida comum. A esse objeto complexo que a cidade é corresponde uma atividade particular de produção e de cuidado, a política. A técnica política deve realizar a unidade da cidade, dando-lhe uma "constituição" (*politeía*, que também pode ser traduzida por "regime" político). As pesquisas sobre os diferentes tipos de constituições políticas (tirânica, oligárquica, aristocrática ou democrática) são um gênero de escritos bem definido e representado na Grécia nos séculos V e IV. É a esse gênero que Platão vincula seus dois grandes tratados políticos, a *República* e as *Leis*. Mas ele modifica consideravelmente sua orientação e seu *status*, já não se interessando somente pela distribuição desejável dos poderes na cidade, mas pelas próprias condições de existência de uma cidade una e virtuosa, subordinando a questão da distribuição dos grupos sociais ao interesse da cidade como um todo. Essa investigação supõe um saber adequado do que é a natureza da cidade e do que lhe convém, exatamente como se cumprisse investigar as condições da excelência de um indivíduo, aquelas que lhe possibilitam ter uma vida feliz (donde a comparação entre a alma individual e a cidade, que ocupam os livros II a IV da *Rep.*).

Que é, então, uma cidade? É a unidade de uma multiplicidade de naturezas, de poderes e de funções distintas vivendo uma vida comum. Para promovê-la, convém dispor juntas essas funções, impedindo que elas se confundam (princípio da exclusividade da função; II, 370a-c) e que se contrariem (princípio de sua complementaridade na busca de um mesmo fim; IV, 419a-423b). Isso supõe uma técnica política, que é uma técnica de um gênero particular, na medida em que sua tarefa não é produzir ou cuidar de um objeto específico, e sim possibilitar a unidade de todos os objetos. No *Político*, Platão concebe a cidade como uma obra técnica, cujo paradigma é um tecido. Assim como se deve entrecruzar a urdidura e a trama para fabricar um tecido, também se deve entrecruzar na cidade cidadãos de temperamentos diferentes. A cidade será, pois, o resultado, *via* os dois meios privilegiados que são a legislação e a produção de opiniões comuns, do emparelhamento de caracteres diferentes e de corpos heterogêneos (*Pol.*, 306e-308e). É o que confere à ciência política o *status* de uma ciência dos corpos e de seus movimentos: governar é distribuir cidadãos e objetos em um território limitado, a fim de que cada um deles realize os movimentos e as funções que convêm à sua natureza. Desse modo, a distribuição das funções deve vir acompanhada de uma certa distribuição do *habitat* e dos lugares funcionais num planejamento urbano preciso.

É o que se empenham em mostrar os últimos textos políticos de Platão (*Crítias* e sobretudo as *Leis*), que descrevem cidades fictícias, mostrando como a concepção de seu espaço territorial ou urbano deve ser concebida para que a mobilidade e o encontro dos cidadãos se torne possível, de modo que a cidade se torne um verdadeiro vivente: um corpo equilibrado e uma alma, cujo intelecto é um governo sábio (os dialéticos da *Rep.*, o "Conselho noturno" das *Lei.*, XII, 961b-968e). A política torna-se, assim, uma atividade "demiúrgica", que Platão concebe de maneira semelhante à da fabricação demiúrgica do mundo. Com a ressalva decisiva de que, se a fabricação artesanal do mundo é uma ficção, a da ordenação da Cidade é, ao contrário, uma realidade para cuja urgência Platão não cessa de convocar.

*** Se a reflexão política tem tamanha importância na filosofia platônica, é porque nela a cidade é definida ao mesmo tempo como condição e como objeto da filosofia, que, se é de fato desejo de uma inteligência da totalidade do real, só pode se exercer através de uma comunidade de cidadãos, de saberes e de obras. A Filosofia é um pensamento sobre a cidade.

Ver: Alma, Filosofia, Técnica.

Textos: *Apo.*, 21b-e, depois 31c-34b (Sócrates e Atenas); *Crí.*, 106a-108a; *Gór.*, 509c-522e; *Lei.*, III, 693c-702e (os tipos de constituição), V, 745b-747e (o território da cidade); *Pol.*, 305e-311c; *Rep.*, II-IV.

Ciência Ver Episteme

Gr.: Epistême/ἐπιστήμη – Fr.: Science

Conhecimento

Gr.: *Eikasía, pístis, dóxa, diánoia, nóesis, epistéme*/εἰκασία, πίστις, δόξα, διάνοια, νόησις, ἐπιστήμη – Fr.: *Connaissance*

* O conhecimento é o processo psíquico mediante o qual uma alma, ao perceber um objeto, tem condições de dizer o que ele é. Na medida em que essa percepção pode ser mais ou menos exata, distinguir-se-ão diferentes modos de conhecimento, tendo cada um dos quais, segundo a potência que lhe é própria, um objeto específico: a ignorância pura e simples versa sobre o não ser, a opinião sobre o que parece, a inteligência sobre o que é.

** O conhecimento é uma capacidade, uma potência da alma (uma *dýnamis*: *Rep.*, V, 476e-478d; *Sof.*, 248d-e). O conhecimento, como afecção, é condizente com a realidade do objeto que afeta a alma: o não ser não a afeta, ela permanece ignorante; um simulacro ou uma sombra a afeta pouco, ela fica na conjectura ou na crença; uma abstração hipotético-dedutiva, como pode sê-lo um raciocínio matemático, permite-lhe exercer sua função intelectiva, ela está no racional; enfim, quando ela percebe a realidade, isto é, o inteligível, ela está no pensamento verdadeiro, que será chamado ciência ou, melhor dizendo, dialética. O princípio dessas diferentes relações com objetos distintos resume-se assim: "o que é totalmente é totalmente cognoscível, ao passo que o que não é de forma nenhuma é totalmente incognoscível" (*id.*, 477a). Entre esses dois gêneros de objetos opostos (o ser e o não ser), Platão evoca gêneros intermediários, valendo-se de um esquema linear (a "linha" de *Rep.*, VI, 509d-511e). A linha deve oferecer uma representação dos quatro modos de conhecimento que correspondem aos quatro gêneros de objetos suscetíveis de afetar a alma que os conhece. Os diferentes modos de conhecimento e seus diferentes objetos são dispostos, uns em relação aos outros, segundo relações de analogia. A linha distingue primeiro o segmento dos objetos perceptíveis pelos sentidos daqueles que só são perceptíveis pela inteligência: o "visível" (ou "sensível") por um lado (A), o "inteligível" por outro (B). Depois, em cada um desses segmentos, ela distingue objetos e imagens. Assim encontramos, no conjunto visível, o gênero dos reflexos, dos objetos fictícios ou imaginários (a), que só podem ser conhecidos por conjectura (*eikasía*); depois aquele dos corpos naturais ou técnicos (a'), conhecidos por crença ou convicção (*pístis*); e, no gênero inteligível, os objetos de pensamento (b) conhecidos por uma razão discursiva que procede por hipóteses (*diánoia*), e, por fim, os objetos inteligíveis, as Formas inteligíveis (b'), conhecidas pela intuição intelectual.

	a	a'	b	b'
Modo de conhecimento	conjectura	crença	raciocínio	intuição intelectual
Objetos conhecidos	imagens, sombras, aparências	viventes e objetos fabricados	objetos hipotéticos	Formas inteligíveis
	A		B	

Essa linha (quer a tracemos horizontalmente ou não, quer seus segmentos sejam iguais ou não) é objeto de alguns comentários. O mais importante deles concerne à relação de proporção estabelecida entre os diferentes objetos e o modo de conhecimento que lhes convém: a conjectura está para a crença como o raciocínio está para a intuição intelectual e, regra geral, como o sensível está para o inteligível: conhecendo o segundo termo é que se pode explicar o primeiro. Logo, o conhecimento sempre procederá explicando seu objeto por sua causa, colocando em evidência uma relação de reflexão (o objeto considerado é o reflexo daquele que se acha na seção seguinte da linha). Em seguida, pode-se caracterizar todo o conhecimento do sensível como pertencente à conjectura, ou melhor, para retomar o termo genérico usado pelos diálogos, à opinião. A opinião é um conhecimento aproximativo, que se faz passar por um juízo sobre o que as coisas parecem ser e que pode ser verdadeiro ou falso, sem nunca poder dar a razão de sua verdade ou de sua falsidade; é, portanto, o modo de conhecimento intermediário entre o conhecimento propriamente dito e a ignorância pura e simples. Logo, conhecimento do real será só aquele que versa sobre objetos inteligíveis, o que significa também que é *via* conhecimento dos inteligíveis que um conhecimento verdadeiro do sensível será possível. Assim, o objeto conhecido pelo intelecto (a Forma do cavalo) pode ter o mesmo nome que a coisa sensível (esse cavalo), embora o primeiro e a segunda sejam duas realidades distintas. Resta por fim, qualquer que seja a maneira como se conhece, que a alma é sempre o único sujeito do conhecimento; o conhecimento é uma forma de percepção, de afecção (*Féd.*, 79c-e). Ele é a atividade da alma entrando em contato com um ou outro de todos esses objetos possíveis, por meio dos sentidos ou não. Portanto, um conhecimento ou um pensamento sem objeto são coisa inconcebível para Platão, assim como o seria a hipótese de um pensamento que tome a si próprio como objeto (como se dirá mais tarde, não existe ideia da ideia). Conhecer é conhecer alguma coisa (*Rep.*, V, 476e-477b), o que significa que é o modo de existência do objeto que irá determinar o modo de conhecimento.

*** Cumpre portanto insistir no fato de que Platão não distingue, como farão algumas teorias do conhecimento posteriores, *graus* do conhecimento, ou seja, diferentes maneiras de conhecer mais ou menos bem um mesmo objeto, mas busca ordenar o conjunto dos distintos modos de conhecimento, cada qual com seu objeto próprio.

Ver: Alma, Bem, Dialética, Episteme, Forma inteligível.

Textos: *Gór.*, 454c-455a (a distinção entre ciência e crença); *Mên.*, 85b-86b (opinião, conhecimento e reminiscência); *Fil.*, 38c-39a; *Rep.*, V, 476c-480a (sobre a ignorância, a opinião e o conhecimento), VI, 509d-511e (a "linha"); *Sof.*, 263e (a *diánoia*); *Teet.*, 189a-192c (sobre a opinião verdadeira ou falsa e o pensamento); *Tim.*, 37a-c (sobre o estado da alma do mundo segundo seja afetada por um objeto sensível ou por uma forma inteligível).

Corpo
Gr.: *Sôma*/σῶμα – Fr.: *Corps*

* O corpo é a parte elementar e sensível que entra na constituição do vivente. Todos os viventes são organismos corporais (os deuses e os daimons, o universo como um todo, o homem, os animais e até as plantas). O termo "corpo" só pode designar um composto elementar associado a uma alma. Tanto no caso do mundo como no do ser humano, o corpo, que tem um devir e que é perceptível pelos sentidos, distingue-se portanto da alma, cuja imortalidade e imaterialidade a aproximam do inteligível.

** No *Górgias* e no *Fédon* encontram-se várias observações sobre o corpo humano que podem parecer depreciativas. Platão afirma especialmente que o corpo é a prisão (*phroura*) domiciliar da alma (*Féd.*, 62b) ou mesmo seu túmulo (*sêma*, *Gór.*, 493a-b). Se, no ser humano, a alma importa mais que o corpo, o corpo pode efetivamente tornar-se um obstáculo para a realização e a atividade do que há de mais importante nele, sua alma. Logo, é preciso impedir que isso aconteça. Por isso é que a filosofia, como esforço de desvinculação da alma em relação às exigências do corpo, pode ser considerada uma aprendizagem para a morte, uma liberação do corpo que, no entanto, não é uma apologia do ascetismo ou do suicídio. No começo do *Fédon* (61c-62c), Platão desenvolve um longo argumento destinado a recusar o suicídio como o caminho mais curto para a libertação da alma. Não se trata de se privar do corpo, mas de controlá-lo, isto é, conhecê-lo, cuidar dele e governá-lo. Por isso é que Platão insiste, e parece que cada vez mais ao longo de sua obra, na necessidade desse conhecimento e desse controle. Num universo sensível em que existe todo tipo de corpo, mais ou menos perfeito (desde os corpos divinos até os dos moluscos), o homem deve procurar instituir um equilíbrio, uma harmonia entre seu corpo e sua alma, assim como entre as diferentes partes desse corpo e as diferentes espécies dessa alma. A existência de corpos perfeitos deve ajudá--lo: a ordem e a regularidade do comportamento dos corpos celestes, bem como o do mundo como um todo, devem lhe servir de modelos.

O cuidado do corpo adquire, então, considerável importância (*Tim.*, 88b-89d). A tal ponto que – mas o paradoxo é apenas aparente – no fim do *Timeu* encontra-se a afirmação de que se deve zelar para que a alma não destrua, com seus excessos, o corpo que habita (*Tim.*, 87e-88b).

Assim como o corpo do mundo, o corpo do homem, tal como descrito no *Timeu* (73b-76e), é constituído a partir dos quatro elementos primeiros que são o fogo, o ar, a água e a terra, eles mesmos matematicamente formados como quatro volumes geométricos: o tetraedro, o octaedro, o icosaedro e o cubo. Tudo o que é constituído por um ou por vários desses quatro elementos está submetido a um devir, no transcurso do qual os elementos se decompõem e se recompõem, se associam e se dissociam. Porque cada corpo é um composto provisório, a questão é saber se a unidade que, afinal, permite defini-lo como este ou aquele corpo particular pode perdurar ou não, e por quanto tempo.

Ainda que os elementos que o constituem não parem de se transformar ou de se associar e se dissociar, o corpo do mundo como um todo é o único que permanece indestrutível. Em contrapartida, o corpo do homem, como todos os outros corpos, está submetido à geração e à corrupção, alterado que é pelo fogo e pelo ar que subsistem fora dele. Por isso é que se encontra no *Timeu* de Platão uma descrição dos processos respiratório (78b-79a), circulatório (77c-78b) e nutritivo (80d-81e), que possibilitam ao corpo humano desenvolver-se, permanecer pelo máximo de tempo possível em um estado de bem-estar ótimo (a "saúde") e, eventualmente, reproduzir-se, garantindo assim a constituição de um ou vários outros corpos semelhantes. No final do *Timeu*, a contemplação do corpo do mundo é apresentada como um excelente meio de garantir ao corpo humano um bom funcionamento e evitar, assim, as doenças (enumeradas minuciosamente e longamente descritas em 81e-92c). Estas são desarranjos do funcionamento dos processos vitais que podem dar lugar a uma disfunção definitiva, a morte, que sobrevém quando os vínculos da alma com a medula na qual ela está "ancorada" se distendem e se desfazem.

Durante sua vida, o corpo é animado por uma alma cuja estrutura é a mesma para todos os corpos, humanos e animais. Essa residência é, portanto, provisória, pois, num sistema de retribuição, a mesma alma passa de um corpo (humano ou animal) para outro (humano ou animal). Certa alma está associada a certo corpo em função da qualidade de sua contemplação do inteligível e em função de sua conduta na sua existência anterior. Essa é, em última instância, a razão pela qual o corpo pode ser considerado o "sinal" (segundo significado do termo *sêma*) da qualidade de uma alma (*Crá.*, 400c). Nessa perspectiva, o mundo dos homens e o dos animais tornam-se um vasto afresco, em que os diferentes corpos podem ser considerados como tantos outros "estados d'alma". Platão recomenda o vegetarianismo aos homens (*Tim.*, 77c, 80d-e), pois a manducação de um animal que possui uma alma humana poderia ser tida como um ato de canibalismo.

*** Entre o corpo e a alma, Platão instaura não uma oposição, mas uma hierarquia em que o corpo, ainda que dotado de um *status* inferior ao da alma, deve desempenhar um papel importante. Por isso se deve zelar por sua integridade e beleza. Como lembra Platão no final do *Timeu* (88c), o homem, em conformidade com o ideal grego tradicional, deve ser bom e belo (*kalós kagathós*).

Ver: Alma, Conhecimento, Forma inteligível, Mundo, Prazer, Vivente.

Textos: *Crá.*, 400b-c (o corpo, túmulo e sinal da alma); *Gór.*, 496d-505b (a questão da intemperança); *Féd.*, 61c-62c; *Rep.*, II, 374e-375a, depois V, 451b-455a (o exercício do corpo); *Tim.*, 73b-76e, depois 78b-92c.

Deus, divino

Gr.: *Theós, theîon*/θεός, θεῖον – Fr.: *Dieu, divin*

* A noção de deus (*theós*) tem em Platão um significado ainda mais amplo que a noção tradicional que ele recupera e critica. Na tradição grega, um deus se define como um ser imortal, por oposição ao homem que é mortal. Trata-se de um traço absolutamente distintivo. Platão aceita essa distinção mortal/imortal, mas se apropria dela e modifica seu campo de aplicação em função da estrutura de sua doutrina: tudo o que pode ser considerado imortal vê-se por ele qualificado de "divino" ou chamado "deus". O divino abarca, então, não somente os deuses e os *daímons* tradicionais, mas também a espécie intelectiva da alma, presente na alma humana.

** Nos livros II e III da *República*, Platão, que retoma e desenvolve uma crítica já encontrada em Xenófanes (c. 570-475 a.C.), censura os poetas por terem retratado os deuses como homens tanto no físico como no moral e, pior ainda, como homens que se comportam particularmente mal: guerreiam entre si, enganam uns aos outros, agridem a esposa e os filhos e, sobretudo, podem punir os seres humanos que os decepcionaram ou pelos quais temem ser superados numa ou noutra circunstância. Segundo Platão, os deuses devem, ao contrário, apresentar as duas características seguintes: 1) ser bons (*Rep.*, II, 379b) e ser responsáveis apenas pelo bem; 2) ser perfeitos (*Rep.*, II, 381b) e, portanto, nunca podem mudar, nem de corpo nem de comportamento. Assim, essas duas características tornam os deuses parecidos com as realidades inteligíveis que muitas vezes se veem, por sua vez, qualificadas de "divinas". De resto, cumpre notar que, no *Fedro* (246d-247b), é a contemplação incessante do inteligível que caracteriza os deuses e os *daímons*.

Em Platão, não existe uma teologia (*theologia*), um discurso racional sobre os deuses, que se distinguiria claramente de uma mitologia (*mythologia*). Assim como ocorre com a alma, Platão não diz o que os deuses são, diz somente que aspecto têm. Os deuses, segundo *Fedro* (246b-d), são dotados de uma alma, mas também de um corpo. Na alma deles domina a faculdade intelectual. Não se pode saber de que é feito o corpo deles, embora no que tange aos planetas e às estrelas, considerados divindades, esse corpo seja feito de fogo (*Tim.*, 39e-40d).

Ao reivindicar que o deus é bom e que não muda, Platão assesta um golpe mortal na religião tradicional. Denuncia a impiedade de todos os mitos que fazem da competição (*agón*), tanto entre os habitantes divinos do Olimpo como entre os da Grécia e de Atenas em particular, o essencial das relações entre os deuses ou entre os homens. A mitologia tradicional, que descreve os deuses em luta uns com os outros, deuses que atacam os homens de quem têm ciúmes e que, por isso, aparecem como a causa dos males humanos, fica então desacreditada. Mais que isso, o fato de que não se possa fazer o comportamento de um deus mudar torna inútil a oferenda de sacrifícios ou a recitação de preces. Platão priva de qualquer eficácia os ritos religiosos. Essa crítica radical leva Platão a propor um novo tipo de representação religiosa. Um deus se caracteriza por sua bondade; a bondade deve ser assimilada ao saber e, num contexto platônico, o saber equivale em última análise à contemplação do inteligível. Aliás, é nesse ponto preciso que os deuses se distinguem radicalmente dos homens (*Ban.*, 204a; *Fed.*, 249b-d): o homem tende para o saber (*philosophei*), ao passo que o deus possui o saber (ele é *sophós*). Isso explica, já que o modo de pensar deles difere, a existência de uma língua dos deuses diferente da dos homens (*Fed.*, 252b-c). Por isso é que, exercendo a espécie mais elevada de sua alma, aquela que tem a faculdade de contemplar o inteligível, o homem pode se tornar semelhante à divindade e chegar assim à imortalidade, mas uma imortalidade que de forma nenhuma significa a sobrevida do indivíduo (*Rep.*, X, 611e; *Teet.*, 176b, *Tim.*, 90d). A assimilação a deus irá se tornar o *slogan* dos platônicos.

No mito verossímil do *Timeu*, é por ser bom que o demiurgo fabrica o mais belo universo possível e o manterá sempre nesse estado, pois não se pode desejar a destruição de uma coisa tão bela. Essa ação do demiurgo encontra seu prolongamento na ação da alma do mundo, que desempenha no décimo livro das *Leis* o papel da Providência. Em seu último diálogo, Platão já não recorre ao mito para tratar da divindade do mundo e de sua ordem, mas dá dela uma prova físico-teleológica que se apoia na permanência e na regularidade do movimento dos corpos celestes.

*** Somente a existência de uma divindade boa, que garante a existência no mundo de uma ordem e a mantém, pode ser contraposta às doutrinas ateias que põem o acaso e a arte na origem de todas as coisas. Essa prova pode, então, e sobretudo, tornar-se o preâmbulo de uma lei contra o ateísmo, cujo efeito será garantir o bom funcionamento da cidade dando-lhe um fundamento divino e tornando efetivo um sistema de retribuições *post-mortem* no qual aqueles que violam as leis serão punidos e aqueles que as respeitam serão recompensados tornando-se semelhantes a deuses.

Ver: Conhecimento, Forma inteligível, Mito, Mundo.

Textos: *Ban.*, 204a; *Fed.*, 249b-d e 252b-c (deus é sábio, o homem tende para a sabedoria); *Lei.*, X, 893b-895d (prova físico-teleológica da existência dos deuses); *Rep.*, II, 378e-383a (bondade e perfeição do divino).

Dialética

Gr.: *Dialektiké*/διαλεκτική – Fr.: *Dialectique*

* A dialética é o meio, através do diálogo, de conhecer "o que é". Enquanto conhecimento verdadeiro, que se distingue da ignorância e também da opinião, ela é sinônimo de filosofia: o filósofo é um dialético. A dialética pode, pois, ser considerada a única ciência verdadeira: ela é o conhecimento da realidade.

** A dialética é definida inicialmente como uma técnica, a das perguntas e respostas que constituem um diálogo oral e que define seu técnico como "dialético", "aquele que sabe interrogar e responder" (*Crá.*, 390c). Essa técnica deve alcançar o conhecimento de *o que é* o objeto de que se fala, seja ele qual for; deve possibilitar aos que dialogam "apreender a razão do que é cada coisa" (*Rep.*, VII, 532a). Portanto, é ao mesmo tempo *através* do discurso, a racionalidade discursiva (o *lógos*), e *por meio* do discurso (*dia-logou*), que o pensamento pode alcançar o conhecimento do que são as coisas. Nesse sentido, a dialética é o saber, o conhecimento verdadeiro. Ela é o raciocínio discursivo mediante o qual o pensamento e o ser das coisas se encontram. A dialética se distingue, pois, dos outros usos do discurso e, em primeiro lugar, do procedimento retórico que Platão critica por versar tão somente sobre a diversidade sensível e não permitir alcançar nenhum conhecimento real.

Contra o uso retórico ou erístico do discurso, que procura simplesmente persuadir, a dialética opõe portanto uma ciência da discussão, fundamentada em um método heurístico (um "método de investigação, de descoberta e de ensino", *Fil.*, 16e-17a). Ou, melhor dizendo, vários métodos, que os diálogos definem antes de usar. No *Fedro*, no *Sofista* e no *Político*, Platão insiste sobretudo no método duplo de divisão (a *diaíresis*) e de reunião (ou de unificação, *synagogê*), pelo qual deve ser possível tanto definir a especificidade de um objeto como reportar uma multiplicidade de elementos a uma forma única, seguindo a ordem e as articulações do real. Em se tratando da divisão, ela deve, partindo de uma noção genérica, do gênero em que se crê poder situar o objeto que nos preocupa, dividi-la progressivamente em espécies distintas, até o ponto em que se atinge a diferença aquém da qual já nenhuma divisão é possível. A divisão procede, assim, por sucessivas dicotomias, e o conjunto da investigação adquire o aspecto de uma arborescência mais ou menos longa (por exemplo, com importantes precisões metodológicas, *Pol.*, 258b-264e).

Mas a dialética, ainda que utilize abundantemente a divisão e a reunião, pode igualmente se servir de outras formas de discurso, de comparações, de analogias, de paradigmas (o paradigma consiste em pôr em paralelo um objeto conhecido e um objeto investigado, para que as características do primeiro esclareçam por analogia as do segundo, *Pol.*, 277d-279a) e até mesmo de ficções e de narrativas. Nesse sentido, a dialética não pode ser confundida com uma ou outra parte de seu duplo método, e não pode ser simplesmente identificada com a matemática da qual, contudo, toma de empréstimo o instrumento da demonstração rigorosa (como é especialmente o caso da refutação, o *élenkhos*, que consiste em tomar os argumentos do interlocutor como hipóteses e depois deduzir deles as consequências até fazer aparecer uma contradição). No programa educativo que o livro VII da *República* descreve, a dialética consuma e coroa o *cursus* dos estudos filosóficos dada a sua aptidão para libertar o pensamento do exame apenas dos objetos sensíveis e da figuração, de que todas as outras ciências ainda dependem em alguma medida, mas também do caráter "hipotético" que é o de todas essas ciências e, em primeiro lugar, da matemática. Enquanto as ciências deduzem suas proposições e seus conhecimentos de hipóteses ou de axiomas, a dialética alcança um objeto "anipotético", que Platão designa como a Forma do bem. Ela se distingue, então, por dois aspectos dos outros modos de conhecimento: quanto a seu objeto e quanto a sua aplicação. Em primeiro lugar, só ela possibilita o conhecimento da *essência* de cada coisa (sua *ousía* diz *Rep.*, VII, 534b). Esta, que é a realidade como um todo, só pode ser pensada, e isso por meio de um exercício discursivo do pensamento.

Nem intuição imediata da essência, nem tampouco descoberta do ser de todas as coisas, a dialética designa simplesmente a apreensão singular do que faz que determinada coisa seja como é, do que a distingue como tal na multiplicidade das coisas que existem. Nesse sentido, ela é a ocasião de uma definição, ou seja, de uma resposta para a pergunta "o que é x?" (*Pol.*, 286a), uma definição obtida pela percepção da Forma inteligível da qual participa o objeto da investigação. Assim, a percepção intuitiva da realidade de uma coisa não é senão a consequência de uma mediação progressiva que procede discursivamente pela demonstração dos intermediários. É o que se poderia chamar de *efeito dialético*: o conhecimento intuitivo da Forma (ou da realidade) de uma coisa procede da prova discursiva das contradições e do exame progressivo de problemas. Em segundo lugar, a dialética pode ser qualificada como a única verdadeira ciência, não pelo fato de que seria a melhor ou a mais "verdadeira" das ciências, mas porque, suprimindo as hipóteses, ela se apoia em teses: a necessidade de sua demonstração já não é simplesmente lógica, ela é real. É, portanto, o conhecimento integral que, a partir de um princípio fundamentado, pode deduzir o conjunto dos saberes: a dialética tem um poder "sinóptico". E, na *República*, é precisamente por possuir essa aptidão sinóptica − "uma visão sinóptica do parentesco que os ensinamentos têm uns com os outros e com a natureza do que é realmente" (*Rep.*, VII, 537c) − que o filósofo deverá governar a cidade.

*** A dialética é o nome platônico do saber consumado, que liberta o conhecimento das hipóteses e do sensível para lhe dar um princípio. Porém, esse conhecimento, como Hegel lembrará ao reabilitar a dialética, só se torna possível pelo diálogo, por certa experiência da contradição e pela necessidade de resolver problemas.

Ver: Bem, Conhecimento, Episteme, Filosofia, Forma inteligível, Matemáticas.

Textos: *Crá.*, 390c; *Féd.*, 265c-266c, depois 276e-277a; *Pol.*, 285c-287b; *Rep.*, VII, 531e-540c; *Sof.*, 253b-254a.

Episteme

Gr.: *Epistéme*/ἐπιστήμη − Fr.: *Science*

* A episteme é o nome que designa a percepção que a alma tem da realidade, do que existe. Por isso, é o único conhecimento verdadeiro e estável que seja possível de todas as coisas, e seu exercício é o que permite ser filósofo. Esse conhecimento se encontra definido de formas diversas nos diálogos, em função do que Platão entende por realidade.

** No *Crátilo*, Platão discute a doutrina heraclitiana segundo a qual o que é percebido pelos sentidos, o "sensível", é um fluxo constantemente cambiante, indeterminado. As coisas sensíveis não conservam sempiternamente sua forma e suas características. Elas advêm, devêm, mudam e desaparecem. Constatando-se esse caráter flutuante e indeterminado do estado do sensível, como se torna possível conhecê-lo? "De conhecimento provavelmente não é questão, Crátilo, se tudo muda de forma e nada permanece" (440a). A episteme é o nome que deverá ser reservado ao conhecimento do que as coisas são. Evidentemente, nesse assunto não é possível se ater apenas ao testemunho da sensação para dele deduzir um conhecimento do que é percebido: "Portanto, não é nas impressões que reside a episteme, mas no raciocínio sobre as impressões, pois é aí, ao que parece, que é possível ter um contato com a realidade e a verdade; pelo lado das impressões, é impossível" (*Teet.*, 186d). A sensação não pode fundamentar o conhecimento científico. Da mesma forma, não se pode simplesmente supor que as coisas são como aparecem para nós; essa hipótese subjetivista ou fenomenista, pouco importa, teria por consequência que a natureza específica das coisas sempre nos escaparia. Ora, é justamente essa natureza que o saber denominado episteme deve conhecer. Se "as coisas têm elas próprias certa realidade estável que lhes pertence e que não é relativa a nós" (*Crá.*, 386d-e), é essa realidade que deve ser objeto da episteme. Ou melhor, das ciências, pois, de direito, pode-se dizer que existe uma ciência por realidade.

De resto, essa é a razão pela qual, num primeiro momento, Platão não distingue os termos "técnica" e "ciência": toda técnica, na medida em que supõe o conhecimento de seu objeto e do que lhe convém, pode ser considerada uma ciência (o médico possui a ciência do corpo de que trata, conhece sua natureza e sabe o que são a saúde e as doenças). A episteme ou ciência é, então, o nome e o princípio de uma competência, de uma capacidade de realizar certa atividade; uma técnica é, pois, uma ciência relativa à produção ou ao uso de dado objeto. O inverso, contudo, não é verdadeiro: nem toda ciência é técnica, pois pode bastar uma opinião reta para dominar convenientemente uma técnica. Na medida em que é conhecimento da razão de ser e da natureza das coisas, a ciência pode ser ensinada. Distinguem-se, portanto, os pseudossaberes das ciências verdadeiras, porque só as segundas podem ser explicadas racionalmente e ensinadas. Nesse contexto, existe uma ciência por tipo de objeto. Logo, a ciência deverá definir o que, de um objeto qualquer, não muda e não depende da percepção que dele temos. Isso será sua natureza (o que ele é e aquilo de que é capaz, diferentemente de qualquer outro objeto). Cabe ainda esclarecer que a ciência não é simplesmente um discurso passível de ser ensinado ou um conjunto de definições racionalmente demonstradas a partir de hipóteses. É também certo estado da alma, uma afecção do sujeito que percebe o que a coisa que ele considera é (*Rep.*, VI, 511d; *Pol.*, 277d).

A partir do *Mênon*, porém, as coisas mudam. A matemática substitui a técnica como paradigma da ciência. A ciência torna-se então sinônimo de dedução. A partir de proposições tidas como indiscutivelmente verdadeiras, axiomas, premissas ou postulados, deduzem-se, aplicando regras conhecidas e aceitas por todos, proposições verdadeiras chamadas teoremas. O conjunto desses teoremas pode ser considerado o conhecimento estabelecido de uma ciência. Na *República*, Platão modifica mais uma vez sua posição, de maneira decisiva agora, distinguindo a dialética de todas as outras ciências. Lança às ciências mais preciosas, as ciências matemáticas, estas duas críticas: os geômetras fazem uso de figuras materiais e, sobretudo, ficam no nível das hipóteses (*Rep.*, VI, 511a-b). O fato de utilizar imagens obriga a matemática a depender do sensível. Mas o mais grave não é isso. O método dedutivo toma como ponto de partida proposições tidas como indiscutivelmente verdadeiras. Para sair desse impasse, deve-se considerar a ciência já não como hipotético-dedutiva, mas como intuitiva: a ciência reside então na contemplação da realidade verdadeira, isto é, das formas inteligíveis, que a dialética possibilita. Às formas inteligíveis que são múltiplas, Platão dá como fundamento ou centro comum a forma do Bem que, na *República*, embora seja de mesma natureza que as outras formas inteligíveis, supera-las em potência e em dignidade: ele é a *tese* que funda todos os conhecimentos hipotéticos.

*** Aos olhos de Platão, não há portanto nada que não possa ser objeto de ciência. Ao contrário, o próprio conhecimento da totalidade do que existe define a ciência ou episteme. E as técnicas, que são saberes em parte empíricos e sempre regionais, pedem a ciência. Logo, cumpre distinguir os saberes científicos, cuja natureza permanece hipotética, da ciência propriamente dita, concebida como conhecimento do que existe, o inteligível.

Ver: Conhecimento, Dialética, Sensação, Sensível, Técnica.

Textos: *Cárm.*, 170e-171c; *Teet.*, 197a-210d; *Rep.*, VII, 521b-533d (as ciências e a dialética); *Mên.*, 99b-100a (sobre a necessidade de uma ciência política).

Filosofia

Gr.: *Philosophía*/φιλοσοφία – Fr.: *Philosophie*

* A filosofia é "o benefício mais importante que jamais foi oferecido ou que jamais será concedido à raça mortal, um benefício que vem dos deuses" (*Tim.*, 47a-b). Não tem o *status* de um saber, de uma sabedoria (*sophía*), e sim de um amor ou desejo desta: "os que já são sábios não filosofam, sejam eles deuses ou homens" (*Lís.*, 218a). A filosofia é o nome do modo de vida daquele que deseja alcançar a sabedoria (e que, então, é chamado conforme a esse desejo: *philósophos*). Sob essa forma, ela é uma invenção dos diálogos platônicos.

** Mais que uma disciplina ou uma área particular do saber, e mais que a forma mais elevada do saber, a filosofia designa nos diálogos um desejo que certo número de exigências e de práticas vem alimentar e excitar naquele que faz disso um princípio de sua existência. Esse desejo é que leva certos homens para a sabedoria, a ser entendida como a experiência do pensamento que encontra sua realização no conhecimento do que existe, na intelecção das Formas inteligíveis, mas também como aquela conversão da alma que se revela ser a condição da vida boa e feliz. Em ambos os casos, nisso consiste seu *status* de desejo, a filosofia se distingue como um esforço, uma forma de perseverança obstinada na obtenção dos prazeres do conhecimento. Assim, e de saída, o filósofo é bem menos aquele que sabe do que aquele que deseja saber, aliás, é isso o que distingue sua "natureza": o gosto pelo estudo e a facilidade para aprender. O filósofo deve, portanto, ter memória e "gosto por todo tipo de esforços" (*Rep.*, VII, 535c). Essas condições, que nada mais são senão o desejo de aprender e o prazer de saber, estarão reunidas "naquele que é apaixonado pela sabedoria, não por um aspecto mais que por outro, mas por toda ela, inteira" (*Rep.*, V, 475b). Devido a essa indeterminação, a filosofia deve ir ao encontro de todos os saberes e de todas as atividades de que um homem é capaz a fim de alcançar a melhor vida possível. Por isso é que a *República* irá propor àqueles que revelam tal natureza educar-se em todas as coisas, praticando acima de tudo as atividades capazes de satisfazer o desejo deles; o exercício do corpo e da alma os levará a desenvolver o que no homem é o melhor: um corpo exercitado e saudável, uma alma familiarizada com as ciências capazes de dar ao pensamento objetos que lhe convenham (encabeçados pela matemática, pela música e pela astronomia). Somente ao término de uma longa formação é que a filosofia poderá sem dúvida realizar, num conhecimento do que cada coisa é, a dialética concebida como conhecimento das Formas inteligíveis. Mas a fidelidade ao desejo de saber terá, bem antes desse término, distinguido como filósofo aquele que tiver feito dessa fidelidade um tipo de vida.

Como ressalta o *Timeu*, "somente depois de ter estudado a fundo os movimentos celestes, depois de ter adquirido a capacidade de calculá-los corretamente em conformidade com o que se passa na natureza e depois de ter imitado os movimentos do deus, movimentos que absolutamente não erram, é que poderemos estabilizar os movimentos que em nós não cessam de vagabundear" (47c). A filosofia deve ser a oportunidade, para quem a adota como tipo de vida, de se refletir no que o mundo tem de melhor, ou seja, de mais ordenado, de se esforçar para a isso se conformar. A perfeição, em matéria de conduta ordenada, é o que Platão denomina divino. Os deuses, por serem sábios, não têm de desejar o saber (*Ban.*, 204a; *Fed.*, 278d); a filosofia é assunto estritamente humano. Designa então o esforço realizado pelo homem, à luz e à imitação do divino, a fim de fazer governar nele o que lhe dá o conhecimento do divino: o elemento imortal de sua alma, o intelecto. Os meios desse governo são de ordem ética, científica e política. As virtudes são a excelência da conduta ordenada suposta em uma prática dos saberes que só pode se realizar da melhor maneira possível numa cidade que, por sua vez, seja ordenada e governada. Por essa razão é que o governo da cidade deve ser sábio e virtuoso, e essa é a razão pela qual a filosofia é para Platão, de saída, um pensamento político.

*** A invenção platônica da filosofia tem como singularidade não vinculá-la à posse de um saber particular, mas concebê-la como um estado intermediário, uma tensão entre a ignorância e o saber que faz dela um *devir*. Um devir-filósofo que é um desejo não satisfeito do saber, uma espécie de loucura (*Fed.*, 249b-e) cujo sintoma é o desejo de que tudo o que é seja inteligível. Quando os sucessores imediatos de Platão, a começar por Aristóteles, conceberam a filosofia como uma forma de plenitude e a vida do filósofo como autossuficiente, eles renunciaram à filosofia de Platão.

Ver: Dialética, Forma inteligível, Homem.

Textos: *Ban.*, 203e-204c; *Rep.*, V, 472e-480a (definição do filósofo); *Apo.*, 20b-23b (Sócrates é o mais sábio dos homens, pois é o único que conhece sua ignorância).

Forma inteligível

Gr.: *Eîdos, idéa*/εἶδος, ἰδέα – Fr.: *Forme intelligible*

* A despeito da frequência e sobretudo da importância da noção na sua obra, Platão nunca define explicitamente a "forma inteligível". Os termos gregos *eîdos* ou *idéa* não podem ser traduzidos por "ideia", que designa inelutavelmente, desde Descartes pelo menos, uma representação, ou seja, um objeto mental. Ao contrário, as formas inteligíveis são realidades imutáveis e universais, independentes dos intelectos que as percebem. São, ademais, as únicas realidades, pois é participando das formas inteligíveis que todas as coisas existem.

** Embora seja de fato a hipótese da existência de formas inteligíveis que caracteriza a doutrina de Platão, qual a necessidade dessa hipótese? Permite que Platão fundamente a um só tempo uma ética, uma teoria do conhecimento e uma ontologia. Para definir as principais virtudes do cidadão perfeito, cumpre admitir a existência de normas absolutas que não dependem nem apenas da autoridade de uma tradição, ainda que seja aquela transmitida pelos poetas, nem de convenções arbitrárias, como pretendem os sofistas. Essa exigência, que deve tornar possível o governo das condutas (a ética propriamente dita), prende-se, então, a uma reflexão epistemológica, na medida em que a norma das condutas tem de poder ser conhecida e definida (*Mên.*, 86a-87c). Para poder definir as normas de que a ética necessita, cumpre formular a hipótese da existência de uma faculdade distinta da opinião, o intelecto (*noûs*), suscetível de perceber o que as coisas são (e não apenas o que parecem ser). Ora, uma distinção entre o intelecto e a opinião implica uma distinção entre seus respectivos objetos: enquanto a opinião tem por domínio as coisas sensíveis, que devêm, o intelecto pode apreender realidades imutáveis e absolutas chamadas "inteligíveis" (*Rep.*, VI, 509d-511e). Se as coisas sensíveis e suas características se reduzem a resultados transitórios de movimentos compostos, nenhuma ética e nenhuma teoria do conhecimento podem fundamentar-se na opinião. Para que se estabeleça, se proponha e até se imponha um sistema de valores que não seja um mero conjunto de convenções, esses valores têm de possuir alguma forma de estabilidade. Para evitar cair no convencionalismo, é, pois, preciso descobrir um fundamento ontológico, uma realidade suscetível de dar conta dos fenômenos sensíveis que, abandonados a eles mesmos, poderiam se dissolver em um devir incessante. Por isso é que a hipótese das formas inteligíveis permite explicar tanto a existência de certa estabilidade das coisas sensíveis, que permite que as conheçamos e delas falemos, como, na cidade, justificar a existência de normas que servem para orientar a conduta humana individual e coletiva. Eis, portanto, como se impõe a Platão a necessidade da existência de um conjunto de realidades imutáveis e universais, separadas do sensível. Mas, entre essas realidades e as coisas sensíveis cuja existência elas explicam e que elas tornam cognoscíveis e exprimíveis, deve existir uma relação. Essa relação, designada pela noção de "participação", por vezes é assimilada por Platão à relação que faz um modelo e suas cópias serem parecidos. Assim, no mito verossímil do *Timeu*, as coisas sensíveis são semelhantes às formas inteligíveis, porque o demiurgo modelou o mundo sensível, que é dotado de um corpo e de uma alma, mantendo os olhos fixos nas formas inteligíveis (*Tim.*, 29d–31a; 51e–52c). Seja qual for a maneira como se representam as formas inteligíveis, é a alma, e mais precisamente sua faculdade chamada intelecto, que consegue perceber as formas inteligíveis, seja diretamente quando está separada do corpo, seja indiretamente quando habita um corpo particular. No mito central do *Fedro*, Platão situa as formas inteligíveis fora do mundo sensível (246a–249d). A história dessa percepção é escandida por ciclos de dez mil anos. Durante o primeiro milênio, as almas humanas separadas de todo corpo acompanham os deuses e os *daímons* numa viagem que as faz atravessar o invólucro exterior da imensa esfera que o universo é, para ir contemplar diretamente as formas inteligíveis. No começo do milênio seguinte, as almas humanas encarnam-se em um corpo de homem segundo a qualidade de sua contemplação do inteligível. Depois, nos sete outros milênios, as mesmas almas podem se encarnar de novo num corpo de homem, de mulher ou mesmo de animal: aéreo, terrestre ou aquático, mais uma vez segundo o valor de sua existência precedente. Quando se encarna em um corpo, a alma já não pode contemplar diretamente as formas inteligíveis; deve fazê-lo por intermédio de um ato de rememoração que tem por objeto sua intuição anterior desta ou daquela forma. Esse ato é chamado "reminiscência". Quando, a partir da percepção, estabeleceu-se um vínculo entre uma realidade sensível, qualquer que seja, e a forma inteligível que lhe corresponde, isto é, da qual ela "participa", torna-se possível conhecer essa realidade e dela falar. A ascensão do sensível para o inteligível e para o Bem que constitui sua sede é descrita sob o aspecto epistemológico por meio dos célebres exemplos da Caverna e da Linha na *República*. No plano não mais do conhecimento mas dos sentimentos, das afecções da alma, essa ascensão é descrita no *Banquete* e em *Fedro* como a consequência do desejo amoroso que leva de um belo corpo a uma bela alma e de uma bela alma aos belos objetos que ela contempla, ou seja, as formas inteligíveis.

*** A hipótese das formas inteligíveis é sem dúvida a principal especificidade da doutrina platônica, aquela que seus sucessores se empenharão em precisar e que seus críticos denunciarão com vigor, a partir de Aristóteles. Ainda assim, sua economia não deixa de surpreender; graças a essa hipótese, Platão consegue fundar uma ética, uma teoria do conhecimento e uma ontologia. A hipótese das formas inteligíveis, mais supostas que fundamentadas, não permite qualificar Platão de "idealista", ao menos no sentido moderno do termo. Sua posição deveria ser antes qualificada de "hiperrealista"; mas este não é um termo homologado.

Ver: Belo, Bem, Conhecimento, Participação, Sensível.

Textos: *Ban.*, 201d–212c; *Mên.*, 81b–87c; *Féd.*, 95e–102a; *Fed.*, 246a–249d, *Rep.*, VI e VII; *Tim.*, 27d–40d.

Homem

Gr.: *Ánthropos*/ἄνθρωπος – Fr.: *Homme*

* Como todos os seres vivos, o homem é um corpo animado. Tem todavia a particularidade, entre os animais terrestres, de poder exercer as três funções psíquicas que são o apetite, a ira e a razão. Essa capacidade aproxima o homem do divino e faz dele um animal a um só tempo mortal e capaz de conceber o que é imortal (o divino e as formas inteligíveis). O homem é o animal terrestre que lida com a verdade.

** O homem é um vivente terrestre mortal, composto como todos os viventes de um corpo e de uma alma (entre outros, *Alc.*, 129e-130c; *Gór.*, 516b). Isso implica de saída que seu modo de vida tem de condizer com a relação instaurada nele entre a alma e o corpo, ou melhor, entre as diferentes funções de sua alma e o modo como esta cuida do corpo, o controla. Isso implica também, considerando suas necessidades peculiares, que seu modo de vida tem de ser coletivo, político: só há humanidade numa cidade. Essa humanidade, em razão de suas disposições psíquicas e fisiológicas, é fundamentalmente técnica (*Pro.*, 320c-322d; *Pol.*, 274b-d). A penúria do homem, menos bem provido que outros animais em armas e defesas naturais, é também sua força: graças a sua inteligência, supre essa penúria pela técnica. Essa capacidade técnica define a natureza humana como uma natureza múltipla, já que abarca igualmente uma alma, um corpo e certo número de bens naturais ou técnicas necessárias para a conservação da existência.

Assim, a antropologia platônica está no cruzamento de três investigações: uma psicologia, uma física e uma tecnologia; pode-se, então, considerar o homem tanto sob o aspecto de sua alma (por exemplo, *Alc.* ou *Féd.*) como sob o aspecto do cuidado de seu corpo (*Gór.* ou *Tim.*), e ainda sob aquele das atividades técnicas que lhe são próprias (*Pro.* ou *Pol.*). Quando se trata de examinar ou de prescrever certa conduta ao conjunto da existência humana, é a noção de equilíbrio que prevalece, como sugerem as análises finais do *Timeu* (87c-90d). "Suporemos que o ser vivo, para ser bom e belo, tem de ser bem equilibrado"; e esse equilíbrio é antes de tudo o "da própria alma com o próprio corpo", que possibilita a bondade do "vivente como um todo" (87c-d). Nota-se que a causa da saúde e do equilíbrio da natureza humana é definida segundo o movimento: contra as doenças, "só há efetivamente um único remédio: não mover nem a alma sem o corpo, nem o corpo sem a alma, para que, uma se defendendo ao lado da outra, essas duas partes preservem seu equilíbrio e permaneçam com boa saúde" (88b, onde a constituição assim como a disposição relativa da alma e do corpo humanos permitem que as comparemos à alma e ao corpo do mundo, que se trata agora de imitar; 88c). Imitar o universo significa, para esse "microcosmo" que o homem é, manter a respectiva saúde do corpo e da alma, equilibrar a relação deles deixando a alma governar, ou seja, cumprir sua função motora e cognitiva, imitando o que Timeu chama de "harmonia divina" dos movimentos do mundo (80b).

Muito precisamente, como mostra Timeu, isso supõe que o homem escolha atividades que não desconsiderem nem a alma nem o corpo, mas os exercite conjuntamente de modo que o princípio do movimento que a alma é possa governar todas as outras formas de movimento, sem impedi-las. O governo da melhor espécie da alma leva o homem a conhecer o objeto apropriado para seu intelecto, as formas inteligíveis, e a praticar a filosofia (88c); a salvaguarda do corpo o conduz a favorecer, entre os movimentos possíveis, aquele "dos veículos que permitem evitar a fadiga" (89a), mas também, claro, a cuidar de seu corpo pela prática dos exercícios de ginástica e de música. Donde certo número de características antropológicas: o homem, como todo ser vivo, é composto de uma alma (trifuncional: apetite, ira, razão) e de um corpo; ele pensa, tem impulsos e desejos; ele estuda ou pratica a matemática, a astronomia, a música e a filosofia; vive numa cidade, submetida a certa constituição, na qual recebe uma educação; ele pode se tornar bom ou mau; ele purifica e restaura seu corpo; pratica ginástica; submete seu modo de vida e sua alimentação a dietas e, o mais raramente possível, a medicações; utiliza barcos e veículos para se transportar; tem prazer; se reproduz. Essas atividades supõem certa relação consigo mesmo, que deve decidir sobre a orientação geral e o valor da conduta. Ser humano é se conhecer e se controlar, como resume a fórmula segundo a qual o cuidado de si mesmo (o *epiméleia heautoû*) é ao mesmo tempo a condição e o objetivo da existência. O cuidado conjunto da alma e do corpo é o meio. O corpo é uma organização complexa, constituída de tecidos e animada por processos de trocas (respiração, circulação sanguínea, nutrição), que só pode ser descrita e de que só se pode cuidar se for considerada como uma complexidade dinâmica que cumpre equilibrar e limitar. O homem, qualquer que seja o aspecto sob o qual o consideremos, é um composto, um conjunto (*synamphoteron*), cuja particularidade é existir entre outros viventes e outros corpos e ter de equilibrar nele mesmo realidades distintas. Portanto, o equilíbrio dinâmico do vivente humano não está dado; quer se trate do cuidado dedicado ao corpo, da disposição relativa das três funções da alma ou do próprio equilíbrio do corpo e da alma, cada um desses objetivos exige certo número de exercícios ou de atividades destinados a favorecer um equilíbrio que não está naturalmente dado, que não é nem espontâneo (animal) nem sempiterno (deus).

*** Os homens têm a obrigação de prover para esse equilíbrio exercitando seu corpo e sua alma no âmbito pedagógico e político da cidade. Isso significa, na perspectiva platônica, que a explicação da natureza humana só pode se consumar ao preço de um desenvolvimento ético e político, e que, portanto, a antropologia deve sempre se desdobrar na forma de uma política, como afirmam todos os diálogos que têm a vida humana como objeto de estudo.

Ver: Alma, Cidade, Corpo, Deus, Vivente.

Textos: *Alc.*, 124b-135e; *Gór.*, 509c-522e (sobre a relação entre psicologia e política); *Lei.*, I–II, 632d-674c; *Tim.*, 87c-90d.

Matemática

Gr.: *Mathematikê*/μαθηματική – Fr.: *Mathématique*

* Em Platão, a matemática desempenha dois papéis decisivos. Fornece um modelo para o raciocínio e para a argumentação filosóficos e permite propor uma explicação da natureza perfeitamente original, com uma economia tanto mais eficaz porque já não passa pela linguagem ordinária. Pela primeira vez na história do pensamento, o mundo é matematizado.

** O conhecimento de como era a matemática na Grécia antiga é delicado. Não restou nenhum tratado anterior aos *Elementos* de Euclides (redigido no século III a.C.), embora se saiba que outros *Elementos* foram redigidos bem antes dele, particularmente por Hipócrates de Quíos (século V a.C.). Portanto, é muito difícil imaginar a história da matemática antes de Euclides e ter uma ideia do estado da matemática na época de Platão.

De um ponto de vista técnico, a prática da matemática era dificultada, na Grécia antiga, pela notação dos números por meio de letras do alfabeto, o que tornava as operações complicadas, e pela ausência do zero. É o que explica em parte o fato de que a geometria tenha sido o ramo da matemática que mais rapidamente se desenvolveu e que, muito cedo, tenha se dado uma extrema atenção à noção de relação, de proporção e de fração. Essa história parece ter estado ligada à do pitagorismo, comunidade culta e religiosa que teria se constituído em torno da personalidade misteriosa de um personagem chamado Pitágoras (séculos VI-V a.C.) e que teria favorecido intensamente o desenvolvimento da matemática.

No fundo, é uma crítica aos pitagóricos e, mais precisamente, a sua concepção "realista" dos números inteiros naturais assimilados a conjuntos de partículas que Zenão de Eleia (nascido por volta de 490 a.C.) parece ter concebido. Essa crítica deu lugar a uma nova elaboração do conceito de número que transformou profundamente a matemática. Era particularmente necessário que esse conceito fosse compatível com as operações graças às quais se conseguia definir a relação entre duas grandezas do mesmo gênero apesar da ausência de uma medida comum. Ora, parece que as discussões a que essas questões deram lugar frequentaram o pensamento filosófico e, particularmente, o de Platão, que em várias oportunidades trata do problema da incomensurabilidade (*Teet.*, 147d-148b).

Compreende-se a partir daí que a matemática, entendida no sentido grego do termo, isto é, bem mais geométrica que aritmética, desempenha um considerável papel na constituição da alma do mundo e de seu corpo, como se pode constatar no *Timeu*. A alma do mundo se explica, em última instância, a partir de três tipos de relações (aritméticas, geométricas e harmônicas), ao passo que o corpo do mundo se reduz a quatro elementos associados a quatro poliedros regulares: tetraedro, octaedro, icosaedro e cubo, sendo que os três primeiros se transformam uns nos outros devido a regras geométricas. Nessa perspectiva, entende-se que os limites da cosmologia de Platão também sejam os da matemática de sua época. O fato de que a transformação mútua dos elementos seja concebida em função de sua superfície e não de seu volume é um indicador disso.

Em suma, pode-se dizer que, em Platão, a matemática representa no mundo sensível a marca do inteligível. Por quê? Por um lado, porque a matemática permite descrever o que não muda no devir que não cessa de mudar. Faz aparecer a simetria (conservação de determinada relação) como uma forma de imutabilidade nas coisas sensíveis. Além disso, embora manifestem sua presença no sensível, as realidades matemáticas não são percebidas pelos sentidos e sim pelo intelecto.

No *Mênon* (82a-86c), Platão recorre à matemática para "provar" que é possível um conhecimento de realidades estranhas ao mundo sensível, no âmbito da doutrina da reminiscência. Nesse diálogo, constata-se uma virada do pensamento platônico. Antes do *Mênon*, o método argumentativo escolhido era o *élenkhos* socrático. Tratava-se, no contexto de uma discussão, de fazer o interlocutor aceitar uma proposição que contradizia uma proposição inicial. Mas esse método tinha seus limites: aplicava-se sempre a noções, conceitos e valores atinentes ao terreno da moral e seu único alcance era negativo. Com o *Mênon* e depois dele, Platão amplia o campo de suas investigações e, sobretudo, dá-lhes uma orientação construtiva, inspirando-se precisamente no método matemático. Este último pode ser descrito assim: a partir de proposições tidas de início como verdadeiras e que podem ser qualificadas de "axiomas", de "postulados" e de "princípios", deduz-se certo número de outras proposições verdadeiras, que podem ser chamadas "teoremas", aplicando um conjunto de regras bem definidas e conhecidas por todos. De um ponto de vista biográfico, pode ser que essa fascinação pela matemática tenha se apossado de Platão durante sua primeira viagem ao sul da Itália e à Sicília, onde teria encontrado pitagóricos. Se for este o caso, é natural que, na *República*, os filósofos que devem se tornar os dirigentes da cidade estudem matemática, que é uma espécie de propedêutica para a dialética. No livro VI da *República*, Platão faz as duas críticas seguintes à matemática: faz o sensível intervir na sua demonstração através do uso da figura e, sobretudo, supõe axiomas que não encontram neles mesmos sua justificação. Essas duas críticas reservam para a matemática um papel subalterno, mas um papel que continua sendo essencial na formação dos futuros dirigentes da cidade.

*** Por esse papel mediador é que a matemática ocupa um lugar tão importante no pensamento de Platão. Marca do inteligível no sensível, ela torna possível o conhecimento do mundo sensível. E modelo de argumentação dedutiva, ela constitui um admirável instrumento pedagógico para aprender a passar do sensível ao inteligível.

Ver: Episteme, Inteligível, Mundo, Natureza, Sensível.

Textos: *Mên.*, 82a-86c; *Rep.*, VI, 511a-b; *Teet.*, 147d-148b; *Tim.*, (*passim*).

Mito

Gr.: Mŷthos/μῦθος – Fr.: Mythe

* Foi Platão quem deu ao grego antigo *mŷthos* o significado que hoje reveste para nós o termo "mito". Na língua grega, o sentido de *mŷthos* modificou-se em função das transformações que afetaram o vocabulário do "dizer" e da "palavra dita", numa evolução histórica que culmina com a obra de Platão; antes de Platão, *mŷthos* significa simplesmente "palavra dita", "opinião que se expressa"; depois, designa o tipo de narrativa infalsificável que versa sobre os deuses, os *daímons*, os heróis, os habitantes do Hades e os homens do passado.

** Quando utiliza o vocábulo *mŷthos*, Platão realiza duas operações: uma descritiva, a outra, crítica. Com a ajuda desse vocábulo, descreve, à maneira de um etnólogo, certo tipo de discurso, emitindo ao mesmo tempo um juízo de valor sobre seu *status* em relação a outro tipo de discurso considerado dotado de um *status* superior, o do filósofo. Aos olhos de Platão, o mito tradicional aparece como esse discurso mediante o qual é comunicado tudo o que dada coletividade conserva na memória de seu passado (o que ela considera serem seus valores) e que ela transmite oralmente de uma geração para a outra, quer esse discurso tenha sido elaborado por um técnico da comunicação, como o poeta, ou não. De que fala o mito? De acontecimentos que se desenrolaram em um passado longínquo o bastante e em local distante o bastante ou indeterminado para que quem conta e aqueles que o ouvem não possam verificar a realidade deles. Esses acontecimentos são objeto de uma transmissão oral, o que explica que a última versão dessa narrativa pode ser considerada a única e, portanto, a versão original. Também, é porque ela o impede de satisfazer a expectativa de seus destinatários, que a partir de certo momento descobrem no mito anacronismos, inverossimilhanças, impossibilidades que no longo prazo o desqualificam como discurso sério, que a escrita mata o mito. No contexto da oralidade, o mito é "fabricado" pelo poeta, que reorganiza uma narrativa tradicional e lhe dá uma forma particular. Quando o mito é representado no teatro, o poeta é secundado por atores. Nessas circunstâncias públicas, por ocasião de concursos de recitação de rapsódias homéricas ou de concursos teatrais, performances públicas a que todo o mundo pode assistir – adultos e crianças, mulheres e escravos, metecos e cidadãos –, os narradores são especialistas, poetas ou atores. Nas outras circunstâncias, o mito pode ser contado por qualquer pessoa. Contudo, convém que o narrador do mito tenha duas características: idade avançada e feminilidade. A idade avançada possibilita uma economia da transmissão, quando os avós contam histórias a seus netos; e as mulheres, porque cuidam das crianças, são as que estão em melhor posição para lhes transmitir os mitos desde sua primeira infância. A universalidade de seu público é que explica a potência do mito: ele é um discurso dirigido a todos, desde a mais tenra idade. Portanto, de uma maneira ou de outra, pode ser tido como o instrumento mais adaptado para modificar as crenças e o comportamento de todos os membros de uma mesma comunidade. Como e com que finalidade? Por ocasião de uma narrativa mítica, o que ocorre é um processo de imitação: o poeta faz de conta que é seus personagens, quer fabrique ou narre um mito, e aqueles que o ouvem se identificam com prazer com esses personagens. Compreende-se, então, que temível instrumento de persuasão o mito constitui e por que Platão sente necessidade de contestar seu monopólio. Depois de ter condenado moralmente o mito nos livros II e III da *República*, denunciando a imagem inaceitável que os mitos dão dos deuses, dos *daímons*, dos heróis, dos defuntos e mesmo dos homens do passado, Platão lhe faz duas críticas de tipo epistemológico. O mito é um discurso infalsificável, na medida em que é estritamente impossível estabelecer uma relação, ainda que indireta, com os fatos que ele narra. Além disso, ele é uma narrativa que nunca faz intervir alguma argumentação. Essas duas fraquezas justificam que se reserve ao discurso científico e filosófico, argumentado e demonstrativo, o lugar de destaque. Mas o discurso filosófico também tem fraquezas. Não pode tomar como objeto todo esse domínio intermediário que é a alma, que não é nem sensível nem inteligível. Tudo o que tange à natureza da alma, a suas peregrinações e a seu destino caberá, portanto, ao mito. Por outro lado, o discurso filosófico só se dirige a um número pequeno de homens, e Platão tem a pretensão política de melhorar o conjunto da cidade e dos cidadãos. Essa é a razão pela qual esse instrumento de persuasão coletiva que o mito é desempenha um papel tão importante na *República* e nas *Leis*. Na *República*, é o mito, e, mais precisamente, a mentira "nobre", que justifica a unidade da cidade, cuja população está dividida em três grupos funcionais: artífices, guardiões e filósofos governantes. Os três grupos funcionais devem ser persuadidos do fato de que nascem da mesma terra, ainda que sejam feitos de metais diferentes: ouro, prata ou bronze (*Rep.*, III, 414d–415d). E nas *Leis*, no quarto livro (719c–724a), Platão explica que a lei deve ser dupla. É certo que deve comportar a expressão dessa lei e a lista das penas em que incorrem aqueles que a violem, mas, para que seja seguida pela maioria, deve ser precedida de uma exortação que lhe serve de preâmbulo e que a ilustra; ora, em geral essa exortação é um mito.

*** Compreende-se, então, que Platão apele tão frequentemente ao mito e até que fabrique mitos. Como filósofo, ele não pode falar da alma – sobretudo quando aborda a origem do mundo em cosmologia e a morte do homem nos mitos escatológicos –, senão recorrendo ao mito. E, como reformador político, deve persuadir a maioria, que é receptiva à narrativa mítica, mas que fica insensível ao discurso filosófico reservado a uma minoria e que, portanto, só se interessa pelo mito que todo o mundo conhece desde a mais tenra idade.

Ver: Cidade, Conhecimento, Filosofia, Forma inteligível.

Textos (mitos diversos narrados nos diálogos): mito de Aristófanes (*Ban.*, 189d-193d); Atlântida (*Tim.*, 21e-26d, *Crí.*); a parelha alada (*Fed.*, 246a-249d); autoctonia (*Rep.*, III, 414d-e; *Lei.*, II, 664a); caverna (*Rep.*, VI, 514a-517a); cigarras (*Fed.*, 259b-d); mito de Er (*Rep.*, X, 614d-621d); mitos escatológicos (*Gór.*, 523a-527a; *Féd.*, 107d-114d.; *Lei.*, X, 903b-905b); homens-marionetes (*Lei.*, I, 644d-645c); nascimento de Eros (*Ban.*, 203a-c); mito do *Político* (268d-275e); mito de Protágoras (*Pro.*, 320c-322d); mito de Theuth (*Fed.*, 274c-275b).

Mundo

Gr.: *Kósmos, tò pân, ouranós*/κόσμος, τό πᾶν, οὐρανός –
Fr.: *Monde*

* Para Platão, só existe mundo sensível, a noção de "mundo inteligível" aparecendo somente muitos séculos depois dele. O mundo deve ser considerado como a totalidade ordenada de todas as coisas sensíveis. Uma totalidade que pode ser chamada de diversas maneiras: ou ela é "o todo" (*tò pân*), aquilo que chamamos "universo"; ou é o todo *ordenado* (*kósmos*); ou, enfim, o céu (*ouranós*), ou seja, mais precisamente, a região do universo que apresenta a maior regularidade e a menor permanência, que é a mais ordenada.

** Para Platão, o mundo existe, ele é uno (*Tim.*, 31a-b, 55c-d) e é um vivente dotado de um corpo e de uma alma. Esse vivente pode ser representado como tendo sido fabricado por um demiurgo que trabalha com os olhos fixos nas formas inteligíveis e que, quando fabrica as coisas sensíveis, molda um material caracterizado por sua indeterminação radical, a *"khôra"* (*Tim.*, 47e-53b). Ao explicar dessa forma a origem e a natureza do mundo, Platão utiliza os resultados a que tinham chegado seus predecessores que tinham feito investigações sobre a natureza (sobre a *phýsis*), mas integra as investigações deles numa nova ontologia, em que o mundo já não é o resultado quase mecânico da ação de um ou vários elementos (*stoikheîon*), ou da arte (*tékhne*), mas da ação intencional de um deus, depois de uma alma do mundo que desempenhará no interior desse mundo o papel de uma providência, quando seu artífice divino tiver se retirado. De tal modo que, mesmo submetido a uma perpétua mudança, o mundo como tal escapa em seu conjunto a toda destruição; isso porque não existe nada fora dele que possa afetá-lo e prejudicá-lo (*Tim.*, 33a-b), mas também e sobretudo porque ele é belo, bela obra de um bom artesão (*Tim.*, 33c, 34b-c).

O corpo do mundo tem a forma de uma gigantesca esfera que envolve o conjunto de todas as realidades sensíveis constituídas de quatro elementos, e somente de quatro elementos: o fogo, o ar, a água e a terra. No *Timeu* (53b-61c), esses quatro elementos, que estão na *khôra* e dela resultam, são associados a quatro poliedros regulares: tetraedro, octaedro, icosaedro e cubo. Os quatro elementos, devido a sua constituição geométrica, tendem naturalmente a se distribuir em quatro camadas concêntricas: a terra no centro, depois a água, o ar e o fogo. Mas o movimento que anima o conjunto da esfera do mundo impede a formação e a manutenção dessa estrutura em camadas concêntricas: portanto, os elementos se misturam e são animados por todo tipo de movimento. Todos os movimentos do mundo, tanto o do conjunto da esfera como todos aqueles que ocorreram nela, têm uma única e mesma origem: a alma, que Platão define como princípio automotor de todo movimento (*Fed.*, 245e-246a, depois *Tim.*, 35a-b). A alma do mundo resulta de duas misturas operadas pelo demiurgo, e que fazem dela uma realidade intermediária entre o sensível e o inteligível. Seus movimentos explicam os dos corpos que estão no céu: por um lado, o movimento diurno do conjunto da esfera do mundo que vai de leste para oeste e que leva consigo os astros fixos (as estrelas) presos na abóbada celeste; e, por outro lado, os do conjunto dos sete "planetas" (que hoje designamos como a Lua, o Sol, Mercúrio, Vênus, Marte, Júpiter e Saturno), que se movem num mesmo plano inclinado sobre a eclíptica. O esforço de Platão no *Timeu* e no décimo livro das *Leis* consiste em mostrar que esses corpos celestes apenas aparentemente são astros "errantes", ou seja, etimologicamente, "planetas", porque todos estão animados por um movimento circular próprio contrariado pelo do conjunto do universo. No centro desse dispositivo astronômico, está a Terra, imobilizada, pois também seu movimento próprio é contrariado pelo movimento do conjunto do universo (*Tim.*, 37c-40d). A crer no mito narrado em *Fédon*, a própria terra compreende três regiões: sua superfície cheia de cavidades onde vivem os seres humanos, uma região superior difícil de caracterizar e um mundo subterrâneo onde correm quatro grandes rios que explicam a formação na superfície da terra tanto dos cursos e dos planos d'água quanto dos fenômenos sísmicos. Note-se que para Platão não há, como será o caso para Aristóteles, uma descontinuidade radical entre o mundo celeste e o mundo sublunar. Mas a resultante desses movimentos de sentido contrário que arrastam os corpos celestes e a esfera do universo na sua totalidade provoca no interior do mundo em que vivemos um processo de retrogradação e de compressão que leva as partículas de fogo, de ar e de água a se transformarem umas nas outras, e as partículas de terra a se associarem e se dissociarem. Esses processos de transformação explicam ao mesmo tempo por que as coisas à nossa volta não cessam de mudar, mas também por que essa mudança obedece a regras matemáticas que conservam a simetria do todo, por que uma certa regularidade e uma certa permanência persistem no mundo. Pois é esse o objetivo de Platão quando ele expõe sua cosmologia: garantir para o mundo uma regularidade e uma permanência de fato, que expliquem que ele pode ser conhecido e que se possa proferir a respeito dele um discurso verossímil. Mais ainda, que os valores de que toda ética e toda política necessitam possam, de certa maneira, ser deduzidos da observação de sua ordem. Nesse sentido, pode-se ver em Platão o precursor da ideia de "direito natural".

*** O universo é um vivente fabricado a partir de um modelo inteligível, o Vivente-em-si. Platão louva a beleza do mundo, que ele designa ao conjunto dos homens como objeto de contemplação (estando a contemplação das Formas reservada a um pequeno grupo de homens, aqueles chamados filósofos), isto é, de admiração, por sua beleza, e de imitação, pelo equilíbrio e pela ordem de sua conduta.

Ver: Alma, Corpo, Forma inteligível, Natureza, Sensível.

Textos: *Lei.*, X; *Féd.*, 107d–114d; *Rep.*, VII, 514a–517a; *Tim.*, (*passim*).

Natureza

Gr.: *Phýsis*/φύσις – Fr.: *Nature*

* Quando utiliza o termo *phýsis*, Platão se apropria das conclusões das investigações de seus predecessores, inserindo-as contudo na estrutura de uma ontologia nova, em que intervêm especialmente as noções de forma inteligível e de alma (do mundo e do homem). Quando se procura traduzir o grego *phýsis* por "natureza", conserva-se uma etimologia latina nada conveniente, na medida em que o termo latino *natura* designa, essencialmente, o "nascimento". Ora, o termo *phýsis* significa "brotar", "crescer", "desenvolver-se", e designa, de forma mais geral, a origem de uma coisa, seu desenvolvimento e o resultado a que esse desenvolvimento leva. Em suma, o termo *phýsis* designa o conjunto do processo de crescimento de uma coisa, de seu nascimento até sua maturidade.

** A partir do século VI a.C., alguns pensadores na Grécia antiga se interrogaram sobre a *phýsis* do mundo, que reúne todas as realidades, inclusive humanas, perguntando-se qual teria podido ser sua origem, sua causa primeira e recusando-se a levar em consideração qualquer forma de causa sobrenatural para explicar seu desenvolvimento. Essa atitude acarretava uma rejeição do mito e, portanto, também do papel dos deuses tradicionais. As respostas dos primeiros "fisiólogos" foram diversas, pois, a crer em Aristóteles, eles associavam o princípio, o ponto de partida (o *arkhé*) do universo, do homem e até da sociedade, a algum dos quatro elementos: fogo, ar, água, terra, ou mesmo a uma realidade mais primordial ainda, o indeterminado (*ápeiron*).

Com Platão, que distingue na realidade os modos de ser sensível, psíquico e inteligível, tudo vai mudar. O universo, o homem e a cidade já não derivam de uma maneira automática em certo sentido de um dos quatro elementos ou do indeterminado, mas se tornam, no *Timeu*, produtos de uma intenção divina, cuja influência persiste depois da fabricação do mundo, por meio de uma alma do mundo que conserva sua ordem e sua perfeição. O mundo sensível, nosso universo, é então considerado um vivente, isto é, um ser dotado de um corpo e de uma alma. É um deus artesão, o "demiurgo", que fabrica esse vivente sensível que nosso universo é, com os olhos fixos no seu modelo inteligível: o Vivente-em-si. É ele que, num primeiro tempo, fabrica por um lado a alma do mundo ao final de uma dupla mistura em que intervêm o Ser, o Mesmo e o Outro num nível intermediário entre o sensível e o inteligível e, por outro lado, o corpo do mundo a partir do fogo, do ar, da água e da terra associados aos seguintes quatro poliedros regulares: tetraedro, octaedro, icosaedro e cubo. E, quando o demiurgo se retira, a alma do mundo dotada de uma estrutura matemática o substitui e governa de tal modo que, no universo, uma boa parte dos movimentos revela uma permanência e uma regularidade que possibilitam o aparecimento de uma ordem global e sua conservação.

No décimo livro das *Leis*, Platão, que então não evoca nem as Formas nem o demiurgo, já não se contenta em propor uma narrativa (*mýthos*) verossímil para dar conta do aparecimento de toda realidade, mas quer fundamentar uma teologia numa demonstração (*epideixis*) que desenvolva argumentos (*lógoi*) aceitáveis por todos. Esses argumentos ganham a aparência de uma prova físico-teológica da ordem divina da natureza (*Lei.*, X, 897b-899b). Partindo da hipótese de que a alma está na origem de todos os movimentos, a prova afirma que os corpos celestes são, portanto, necessariamente dotados de uma alma; ora, se considerarmos os movimentos desses corpos celestes, perceberemos que eles têm parentesco com a simplicidade do intelecto (*noûs*): são movimentos circulares num mesmo lugar. Logo, também a alma do mundo está dotada de um intelecto, que cumpre assimilar ao divino. Nesse esforço de racionalização, Platão recupera o significado de *phýsis* como processo e insiste no caráter primordial e original do processo natural. Opera-se, desse modo, uma identificação entre natureza (*phýsis*) e princípio (*arkhê*). Mas um princípio que nunca deve ser buscado no nível do sensível que resulta desses elementos que são o fogo, o ar, a água e a terra, pois o presente estado das coisas não pode ter saído de seu estado inicial sem o princípio de movimento ordenado que a alma (*psykhê*) é. A alma deve, pois, ser considerada o princípio último, a verdadeira natureza, a realidade primeira que explica a origem, o desenvolvimento e o estado presente do universo, do homem e da sociedade. Fica ao mesmo tempo resolvida a questão do conflito entre *phýsis* e *nómos* (convenção ou lei), levantada pelos sofistas, que opunham a convenção, resultado da arte, à natureza, resultado do acaso (*Pro.*, 337c-338b, *Gór.*, 482e-484c, e *Lei.*, III, 690a-d). A distinção entre natural e convencional levaria a uma forma de contradição. O homem, como organismo físico dotado de certo número de características, jamais poderia ter existido sem o concurso da natureza (*phýsei*); como tal, está sujeito a instintos, a necessidades ou a paixões. Em contraposição, tudo o que deve sua existência apenas ao homem só existe por convenção ou lei (*nómoi*). Donde a ameaça, no homem, de um conflito entre duas tendências distintas. Mas essa ameaça é afastada se a alma, assimilada à divindade (*theós*), for considerada a fonte tanto da natureza como da lei.

*** Por mais falsa que seja, a posição de tipo sofística sublinha o que está verdadeiramente em jogo em qualquer reflexão sobre a natureza: a realidade resulta do acaso (*týkhe*) e da arte (*tékhne*), como dão a entender os poetas e como ensinam os sofistas segundo Platão, ou de uma intenção divina que se manifesta na obra do demiurgo ou na função de alma do mundo? A beleza de nosso universo torna-se para o Platão das *Leis* um argumento a favor da segunda hipótese.

Ver: Alma, Conhecimento, Deus, Mundo, Natureza, Técnica.

Textos: *Gór.*, 482e-484c; *Lei.*, III, 690a-d; *Lei.*, X, 894d-899d; *Pro.*, 337c-338b; *Tim.*, (*passim*).

Participação

Gr.: *Méthexis*/μέθεξις – Fr.: *Participation*

* A participação (*méthexis*) aparece como uma consequência natural da hipótese da existência de formas inteligíveis, que desempenham, em relação às coisas sensíveis, que, portanto, são de certa maneira suas imagens, o papel de causa e de "modelo". A participação é para Platão um termo técnico que significa "relação". A participação tem dois aspectos, pois pode haver participação das coisas sensíveis nas formas inteligíveis, mas também participação das formas inteligíveis umas com as outras.

** A participação das coisas sensíveis nas formas inteligíveis constitui o problema mais temido que Platão deve enfrentar. Um problema para o qual ele parece nunca ter encontrado solução satisfatória. A primeira parte do *Parmênides* faz a exposição mais completa e mais clara do problema. Zenão acabou de enumerar argumentos a favor da tese de Parmênides segundo a qual o universo (*tò pân*) é uno, mostrando que as contradições se acumulam caso se admita, como defendem os adversários de Parmênides, que o universo é múltiplo, ou seja, aparentemente composto de uma multiplicidade de realidades. Sócrates se propõe então a resolver essas contradições, invocando a hipótese da existência de formas inteligíveis: uma mesma coisa sensível pode ser ao mesmo tempo semelhante e dessemelhante, contanto que participe da forma da Similitude e da forma da Dessemelhança (*Par.*, 131a-b). É aqui que o próprio Parmênides intervém e mergulha Sócrates na perplexidade ao propor o seguinte dilema: ou bem as coisas sensíveis participam das formas inteligíveis, ou bem não participam. Se há participação, isso significa que, de um modo ou de outro, as formas inteligíveis – se não forem pensamentos, possibilidade rejeitada logo de início – estão nas coisas sensíveis das quais são os modelos. Nesse caso, como as formas inteligíveis podem conservar ao mesmo tempo sua unidade e sua identidade? As coisas sensíveis que participam de uma única e mesma Forma são, com efeito, muito numerosas; por exemplo, um número incalculável de cavalos participa do Cavalo em si. Por outro lado, as coisas sensíveis não param de mudar, ao passo que a Forma de que elas participam permanece imutável; um cavalo nasce, o potro se desenvolve, engorda, envelhece, adoece e morre, ao passo que o Cavalo não está submetido a nenhuma dessas mudanças. Sócrates não consegue encontrar solução satisfatória para nenhum desses dois problemas, nem escapar do falso argumento do "terceiro homem"; se existe uma Forma única, por exemplo o Homem, em virtude da qual um conjunto de indivíduos são o que são, por exemplo, homens de carne e osso, então deve existir uma Forma de um novo tipo (um "terceiro homem") em virtude da qual o Homem e os homens são o que são e assim por diante até o infinito (*Par.*, 132a-b). Diante da confissão de impotência de Sócrates face a esse argumento, Parmênides evoca então outra possibilidade. As formas inteligíveis podem conservar sua unidade e sua identidade se considerarmos que estão radicalmente separadas das coisas sensíveis. Mas então já não têm condições de desempenhar nenhum papel no sensível e ficam incognoscíveis para o homem.

Para esse problema da participação das coisas sensíveis nas formas inteligíveis, Platão propõe uma solução no *Timeu*. Mas é uma solução de ordem mítica, pois faz intervir a figura do "demiurgo", o artesão divino. Se as coisas sensíveis são "imagens" das formas inteligíveis, é a um só tempo porque se assemelham a elas e delas diferem. As coisas sensíveis estão numa espécie de meio, a *khôra* (o material de que são feitas e em que estão), que foi modelado pelo demiurgo; este último o trabalhou como um material artesanal, conservando os olhos fixos no inteligível e introduzindo na sua obra as medidas e as relações matemáticas que garantem sua ordem, sua estabilidade e sua permanência. Quando o demiurgo se põe de lado, é a alma do mundo que, por se situar num plano intermediário entre o sensível e o inteligível (cf. *Tim.*, 35a-b), garante a manutenção da ordem, da estabilidade e da permanência no mundo sensível. A exigência de unidade se faz sentir não só no mundo sensível, mas também no inteligível. Na medida em que as formas inteligíveis são múltiplas, coloca-se a questão de saber se elas se relacionam entre si e, em caso afirmativo, de que tipo são essas relações. Surgem três possibilidades. Ou bem as formas inteligíveis participam todas de todas sem restrição, ou bem nenhuma participa de nenhuma, ou então algumas participam de algumas em função de regras precisas definidas pela dialética. Depois de uma longa argumentação desenvolvida no *Sofista* (249d-253c), Platão adota a terceira solução. Considerando as formas do Repouso e do Movimento que constituem os polos em torno dos quais se organiza o resumo da história das posições de seus precursores sobre a noção de ser, Platão nota que o Repouso e o Movimento participam ambos do ser, já que é preciso admitir sua existência. E como ele recusa uma concepção do não ser como não existência, na medida em que a não existência não pode se tornar nem objeto de pensamento nem objeto de discurso, Platão se vê forçado a aceitar, contra Parmênides, a noção de um não ser definido como alteridade, que tem como contrário complementar a identidade. Uma vez que existe, toda Forma é o que é e apresenta, pois, uma verdadeira identidade; mas essa identidade só pode ser definida negativamente com relação a todo o resto: uma Forma só é o que é em razão da diferença que a distingue de tudo o que ela não é. Logo, no terreno do inteligível, a existência desses principais gêneros inteligíveis que são o Ser, o Mesmo e o Outro permite estabelecer relações que tornam possível a participação de certas Formas com certas outras, mas não com todas. É a dialética que terá como tarefa descrever a participação das Formas entre si.

*** As coisas sensíveis participam das formas inteligíveis, assim como as formas inteligíveis participam entre si. Mas, embora o termo "participação" continue sendo o mesmo em ambos os casos, o mecanismo é diferente. Enquanto as coisas sensíveis são particulares, as formas são universais; o que significa que, no caso da participação das coisas sensíveis nas formas inteligíveis, a unidade vai de par com a universalidade (o Homem é uno e absolutamente universal). Não é esse o caso das formas inteligíveis, que permanecem sempre no mesmo nível de universalidade, pois, por definição, as Formas são classes universais a que concernem todos os indivíduos que participam desta ou daquela forma. No entanto, uma mesma Forma pode ser considerada ao mesmo tempo uma classe (a Forma do Cavalo, por exemplo) ou uma Forma enquanto tal. Coloca-se, então, o problema da autoparticipação, isto é, da participação de uma Forma nela mesma; por exemplo, como Forma, a Forma do Uno participa da Unidade, porque, como Forma, ela é una. Nas últimas décadas, produziu-se uma abundante literatura sobre essa dificuldade abstrusa, que, ao que parece, está no próprio fundamento da crítica que Aristóteles lançou contra a hipótese da existência das Formas.

Ver: Forma inteligível, Sensível.

Textos: *Par.*, 127d-136e; *Sof.*, 249d-253c; *Tim.*, 29d-47e.

Prazer

Gr.: *Hedoné/ἡδονή* – Fr.: *Plaisir*

* Não há, em Platão, condenação dos prazeres, mas sim uma reflexão sobre a forma como podemos controlá-los, ou seja, fazer uso deles. Os prazeres do corpo assim como os prazeres da alma devem ser ordenados conforme seus usos. Contudo, a crítica socrática da intemperança não é uma crítica dos prazeres. Nesse caso como em outros (na *República* por exemplo), Platão não condena os prazeres como tais, ele condena a impossibilidade de alguns homens distinguirem os prazeres e apreciarem a oportunidade de sua satisfação.

** No *Górgias*, o prazer é definido como a satisfação resultante da interrupção de um sofrimento; por exemplo, porque se sofria de fome é que comer dá prazer (496c-d); a mesma ideia se encontra expressa em um contexto fisiológico no *Timeu* (64a-65b). Assim, o prazer é sobretudo um termo relativo, num processo de satisfação. Contudo, esse processo de substituição, vindo o prazer ocupar progressivamente o lugar da dor, não merece nenhuma qualificação ética: a dor e o prazer são sentidos por quaisquer que sejam os homens, sem diferença de grau. Em si mesmo, um prazer não é nem bom nem ruim. O erro dos detratores do corpo ou, ao contrário, dos intemperantes é crer que o prazer é ruim ou bom de saída. Platão afirma, portanto, que a dor e o prazer são indissociáveis e que são sentidos por tudo o que vive; quer você seja bom ou mau, sábio e corajoso ou covarde e insensato, você experimenta dor e prazer (*Gór.*, 498e-499b). Logo, nada há nos diálogos que se pareça com uma condenação dos prazeres, sejam eles quais forem. O homem que Platão louva, aquele que deseja o saber (o "filósofo"), desfruta do prazer à mesa, sabe beber, assiste a espetáculos e goza de relações sexuais. A melhor prova de que o prazer e a filosofia não são antitéticos, muito pelo contrário, é sem dúvida que a segunda é uma espécie do primeiro: o filósofo desfruta do espetáculo da verdade e é aquele que, tendo experimentado todos os prazeres, escolhe o prazer da inteligência com conhecimento de causa (*Rep.*, IX, 581d-587a).

Permanece, contudo, a questão da natureza do prazer e do processo no qual ele é um dos dois termos relativos. *Górgias* e *Filebo* definem o prazer como satisfação de uma necessidade, isto é, de um estado de falta. Deve-se, contudo, evitar confundir essa falta, que é uma ausência, com o sofrimento, que é um defeito. Recobrar a saúde depois de uma doença ou beber quando se tem sede são prazeres por este último motivo, mas são apenas dois casos de prazeres entre outros: "Àqueles que proclamam que todos os prazeres são apenas cessação de dores não concedo de fato nenhum crédito" (*Fil.*, 51a). Pois pode-se perfeitamente sentir prazer sem ter sofrido anteriormente, como é o caso quando escutamos uma bela música ou descobrimos um belo corpo, um belo discurso ou um belo pensamento. E será inclusive a busca desses prazeres que servirá para caracterizar a filosofia. Embora Platão de fato defenda uma forma de hedonismo, ele o faz criticando a intemperança como busca cega de todos os prazeres, sem distinção, que só conduz à infelicidade. O hedonismo platônico entende opor à intemperança uma busca, uma discriminação dos prazeres que é a única que permite compreender que, entre os prazeres, alguns são maiores que outros. Assim, certos prazeres acabam não sendo mais que retornos a estados anteriores de bem-estar ou de saúde, quando os verdadeiros prazeres são aqueles que proporcionam uma vantagem a quem os sente. Somente esses são bons. De sorte que, para gozar de algo mais que um alívio, convém "consagrar a vida à filosofia" (*Gór.*, 500c). Isso significa em primeiro lugar que a filosofia é uma atividade prazerosa (como Aristóteles irá lembrar, *Ética nicomaqueia*, X, VI-IX), mas também e sobretudo que ela pode se tornar o meio dos prazeres. Com efeito, o desfrute das coisas, dos discursos, dos corpos, dos pensamentos, supõe uma reflexão (para discernir o que é verdadeiramente prazeroso) e um controle (o uso dos prazeres, a escolha de sua oportunidade). "Uma falta de ciência é que leva a fazer escolhas ruins e equivocadas entre os prazeres e as penas" (*Pro.*, 357d). Ao ligar desse modo o processo do prazer à necessidade de um conhecimento, Platão defende a hipótese ética de que a felicidade, entendida como vida prazerosa, é a finalidade da existência. A vida prazerosa não é, contudo, feita de prazeres exclusivamente "espirituais" ou contemplativos, assim como tampouco supõe a impossível supressão dos prazeres corporais. Nem mesmo porque a alma, que é o único sujeito das impressões sensíveis que afetam o corpo, é o que em nós experimenta *todos* os prazeres. Logo, o saber pode ser definido como o meio de dar à alma o que lhe agrada.

*** A teoria platônica da distinção e do uso dos prazeres repousa numa distinção dos prazeres e dos bens que carrega a responsabilidade pelas adaptações ou pelas distorções a que a submeteram posteriormente. Mas o objetivo dessa distinção não era lançar o anátema sobre o corpo ou sobre os prazeres, fazendo destes simples contrários do bem, e sim indicar simplesmente que nem todos os prazeres se equivalem. Tornava-se então possível designar a procura e o uso dos prazeres como aquilo que era peculiar à filosofia.

Ver: Alma, Bem, Corpo, Filosofia.

Textos: *Gór.*, 494e-505b; *Lei.*, II, 660d-663e, depois V, 732d-743e (sobre a relação virtude-prazer); *Fil.*, 11a-23b, depois 51a-53c; *Rep.*, V, 462a-e (a cidade é a comunidade dos prazeres e dos desprazeres), depois IX, 584a-b; *Tim.*, 64a-65b.

Sensação

Gr.: *Aísthesis*/αἴσθησις- Fr.: *Sensation*

* A percepção sensível ou sensação (*aísthesis*) apresenta um duplo aspecto, pois estabelece uma relação entre um sujeito, que é um vivente dotado de um corpo e de uma alma, e um objeto que se acha fora dele. No *Timeu*, Platão distingue mais precisamente as sensações comuns, que dizem respeito ao corpo como um todo e que dependem do tato (*Tim.*, 61d-65b), e as sensações particulares, que dizem respeito a determinado órgão do corpo: a visão para o olho, a audição para o ouvido, o olfato para as narinas e o paladar para a língua (*Tim.*, 65b-68b).

** No processo que a percepção sensível constitui, o que é transmitido através do corpo humano para a alma é, em suma, um movimento provocado no corpo pelo choque de partículas emitidas por um objeto situado fora do sujeito que percebe. Porém, como um movimento recebido por uma parte do corpo, quer se trate ou não de um órgão específico, pode ser transmitido à alma através do conjunto do corpo, sabendo-se que Platão ignora a existência dos nervos, descoberta um século depois dele? No *Timeu*, o veículo das sensações é o sangue, que corre por todo o corpo através de uma rede de vasos. O sangue tem três características que explicam o fato de que possa ser considerado o agente de transmissão das impressões sensíveis (*pathemata*) através do corpo até a alma. 1) Porque comporta os quatro elementos que se acham nas plantas (que deveriam ser o único alimento do homem), o sangue pode transmitir uma informação proveniente de qualquer outro objeto constituído ele próprio por um ou vários desses elementos, em virtude do princípio aceito por Platão segundo o qual o semelhante conhece o semelhante. 2) Porque o fogo nele predomina, o que é indicado por sua cor vermelha, o sangue tem uma grande mobilidade, característica que, como vimos, todo agente destinado a transmitir os *pathemata*, que são a condição *sine qua non* da sensação, deve apresentar. 3) Enfim, o sangue circula o tempo todo e em todos os órgãos, de sorte que está sempre disponível para transmitir através do corpo até a alma e, mais precisamente, até a espécie racional desta, qualquer informação, venha de onde vier. Assim se descreve o mecanismo da sensação. De fora chegam partículas com certo número de características: 1) uma forma geométrica (tetraedro, octaedro, icosaedro ou cubo), 2) um tamanho, pois os poliedros regulares têm tamanhos diferentes, devido à dimensão da hipotenusa do triângulo retângulo elementar, considerado a unidade de referência, 3) uma velocidade e 4) um número. Essas partículas colidem com um órgão dos sentidos ou uma parte do corpo de um ser vivente, algumas partículas do qual põem-se então elas mesmas em movimento. Esses movimentos são transmitidos pelo sangue através de todo o corpo e conseguem informar a alma. Inicialmente as espécies mortais dessa alma, em primeiro lugar sua espécie desiderativa (*epithymía*), depois sua espécie irascível (*thymós*) e, por fim, sua espécie imortal racional (*tò phronimon*). E é somente quando o movimento é percebido por esta última que o ser humano pode saber que tem uma sensação e que pode falar dela (coisa que será impossível para uma planta, em que a sensação permanece alheia à razão). Para Platão, o conhecimento racional cujo objeto é inteligível equivale a uma forma de "reminiscência" (*anámnesis*), que a sensação se limita a desencadear.

Que se deve entender pelo termo "reminiscência"? Toda investigação, toda aquisição de conhecimentos relaciona-se, para Platão, com a rememoração pela alma de um conhecimento adquirido em uma existência anterior (*Mên.*, 80e-81e), quando, separada de todo corpo, podia contemplar outros objetos além dos materiais e, mais especificamente, formas inteligíveis (*Fed.*, 246a-249d). Quando a alma, durante uma de suas existências encarnadas, aprende uma coisa qualquer, essa aprendizagem consiste na reativação de uma aprendizagem anteriormente realizada. A alma só conserva sua identidade, esteja encarnada ou não, por um conhecimento desse tipo, que, na verdade, equivale à soma de suas lembranças (cujo objeto é a contemplação do inteligível), seja esse conhecimento possuído de modo consciente, seja de um modo latente.

*** A especificidade antiga da doutrina platônica decorre de ela não fazer da sensação a fonte última do conhecimento; a sensação é apenas um operador, que desencadeia o único conhecimento verdadeiro, o das formas inteligíveis. Ainda sobre isso, foi por esse viés que Platão procurou evitar o problema enfrentado pelos filósofos que não tinham a hipótese de um objeto de conhecimento próprio da alma (o inteligível) e que não conseguiam explicar como o objeto da sensação podia produzir na alma um conhecimento e um discurso.

Ver: Conhecimento, Forma inteligível, Sensível.

Textos: *Mên.*, 80e-81e; *Fed.*, 245c-257b; *Tim.*, 61d-68b.

Sensível

Gr.: *Aisthetón*/αἰσθητόν– Fr.: *Sensible*

* Em Platão, o termo "sensível" se reveste de dois significados, já que designa ao mesmo tempo a capacidade que um objeto tem de ser percebido por intermédio da sensação (*aísthesis*) e a qualidade desse objeto (*Féd.*, 83b; *Rep.*, V, 510b; *Teet.*, 160b). Nesse segundo sentido, o termo "sensível", como gênero comum de todos os objetos sensíveis, torna-se sinônimo de "mundo". O sensível é o conjunto de todas as realidades passíveis de serem percebidas pelos sentidos.

** No *Teeteto*, Platão procura mostrar como e por que a percepção sensível não pode constituir o fundamento do verdadeiro conhecimento, que ele denomina "ciência" ou "episteme" (*epistéme*). Assim empregado, o termo "sensível" é sinônimo do termo "devir" (a *genesis*, *Tim.*, 64a, 92c). O devir se caracteriza pela geração e pela corrupção. Toda realidade que pertence ao devir aparece, não cessa de se transformar, de se deslocar de um lugar para outro, e desaparece. Esse é um postulado universalmente aceito na Grécia antiga e é ele que constitui o ponto de partida da reflexão filosófica de Platão sobre as coisas sensíveis. Se as coisas sensíveis não param de mudar, como explicar a estabilidade e a permanência que, no entanto, elas devem apresentar para se tornar objeto de conhecimento e de discurso? Essa exigência de estabilidade e de permanência leva Platão a formular a hipótese da existência de formas inteligíveis universais e imutáveis, que desempenham a função de causas e de modelos das coisas sensíveis, porque garantem nelas estabilidade e permanência suficientes para permitir que se tornem objetos de conhecimento e de discurso; em todos os sentidos do termo, as formas inteligíveis são as razões de ser das coisas sensíveis. Resta ainda explicar a existência de uma relação "natural" entre as coisas sensíveis e essas formas inteligíveis das quais elas são as imagens. Para tanto é que Platão faz intervir no *Timeu* a figura mítica do demiurgo, cuja intervenção dá conta da estabilidade e da permanência do universo. O fato de que o sensível se veja assimilado ao devir acarreta no plano da cosmologia as duas consequências seguintes. 1) Tudo o que nasce nasce sob o efeito de uma causa. De fato, o nascimento de uma coisa sensível implica um princípio anterior que dê conta do aparecimento dessa coisa, quer se trate das formas inteligíveis, do demiurgo ou da *khôra*. 2) Como, por outro lado, a geração é indissociável da corrupção, o universo é passível de ser destruído. Essa eventualidade, contudo, não é aceita por Platão, que, para descartá-la, tem de invocar a bondade do demiurgo e sua ausência de ciúmes.

Para fazer aparecer a ordem no universo, o demiurgo, que contempla as formas inteligíveis, introduz no material (*khôra*) que ele trabalha medidas e relações matemáticas, seja na alma do mundo na forma de mediedades, seja no corpo do mundo por intermédio da associação dos quatro elementos a quatro poliedros regulares. No mundo sensível, a matemática pode ser considerada o vestígio do inteligível. Na medida em que existe uma simetria de conjunto que conserva certo número de relações mensuráveis entre as coisas cambiantes, a matemática de fato permite definir o que, no que não para de mudar, não muda. Portanto, é para garantir ao sensível que não para de mudar a possibilidade de se tornar objeto de conhecimento e de discurso que Platão formula a hipótese de formas inteligíveis e atribui no mesmo momento um papel tão importante à matemática na sua cosmologia. As formas e a matemática são as causas e o meio de um conhecimento do sensível. O nascimento das coisas sensíveis pode então ser representado como a ordenação, com a ajuda da matemática, de um material desprovido de qualquer característica. E, ainda que essa ordem possa, em princípio, ser destruída, não o será devido à bondade do artesão que preservará sua obra. O universo fabricado é, portanto, o mais belo objeto sensível possível, indestrutível. Nesse mundo que é belo é que nasce e vive o homem; encontra-se nele como um "microcosmo" (um mundo em miniatura), pois é dotado de uma alma e de um corpo similares à alma e ao corpo do mundo. Mas somente a espécie superior de sua alma é imortal, porque somente ela foi fabricada pelo demiurgo, as outras espécies de sua alma e de seu corpo são corruptíveis, pois foram fabricados por deuses de segunda categoria (*Tim.*, 41a–43a). Existe, pois, no próprio seio do ser humano, uma tensão, fonte de conflitos, entre elementos mortais e um elemento imortal. Então, a perfeição de sua conduta não lhe está garantida e é por isso que uma ética (governo de si) e uma política (governo dos outros) são indispensáveis. A ética indica ao ser humano como ele deve se comportar para que o que nele há de imortal tenha uma existência posterior que não seja uma decadência. Mas, para que um ser humano tenha condições de modelar seu comportamento, deve viver numa comunidade que o ajude a consegui--lo. Donde a necessidade de uma doutrina política que defina e conceba o regime político e as leis dessa comunidade humana. Como se nota, quer se trate de ética ou de política, de epistemologia ou de linguagem e até de cosmologia, faltam ao sensível uma estabilidade e uma permanência, e é o inteligível que deve fornecê-las a ele, ser sua causa.

*** O mundo como totalidade ordenada das coisas sensíveis, desde que nele se perceba esse vestígio do inteligível que é a matemática, pode se tornar objeto de conhecimento, definido, acima, como uma contemplação mediata do inteligível. E é na ordem do mundo que o homem deve buscar o modelo para garantir o bom funcionamento de seu corpo e de sua alma.

Ver: Conhecimento, Deus, Forma inteligível, Matemática, Mundo, Sensação.

Textos: *Rep.*, V, 509d-511e; *Teet.*, (*passim*); *Tim.*, 61d-68b, 87c-90d.

Técnica

Gr.: *Tékhne*/τέχνη- Fr.: *Technique*

* Na filosofia platônica, a reflexão sobre a técnica ocupa um lugar determinante e constante: a técnica é o paradigma da relação que o homem estabelece com todos os objetos. A técnica é uma atividade, de produção, de uso ou de cuidado, que põe em relação um agente e um objeto único, aquele que o técnico produz (uma ferramenta, uma escultura), de que ele cuida (um corpo, um rebanho) ou que ele utiliza (uma flauta, um barco). O técnico domina sua técnica particular graças à posse de certo saber, de certa ciência.

** A técnica define-se por seu objeto particular: é o objeto que dá seu nome à técnica e é sobretudo o conhecimento desse objeto que define a competência do técnico. Esse conhecimento é duplo: o técnico deve possuir simultaneamente um conhecimento da natureza de seu objeto e do que é apropriado a essa natureza. Assim, o médico tem de saber o que é um corpo humano, mas também conhecer as dietas e os remédios adequados para sua saúde; assim, o flautista tem de saber o que é uma flauta, saber qual a madeira mais apropriada para sua fabricação, mas também dominar o uso dela. Na medida em que é sempre mediante uma técnica particular que se fabrica ou se cuida de um objeto particular, pode-se definir a técnica em geral como o fato de "cuidar convenientemente de uma coisa" (*Alc.*, 128b ss.) ou, melhor dizendo, como o que é posto em andamento "para que o que é do seu interesse [dessa coisa] lhe seja proporcionado" (*Rep.*, I, 341e). Nos primeiros diálogos platônicos, a abundante reflexão sobre as técnicas tem duas funções principais. Permite, em primeiro lugar, distinguir, entre as práticas, aquelas que dependem de falsos saberes ou de procedimentos (como a retórica, a cozinha, os cosméticos ou a sofística; *Gór.*, 454c-466a) e aquelas que resultam de um verdadeiro conhecimento de seu objeto. A técnica é, nesse segundo caso, indistintamente saber e atividade (*érgon*). Essa é a razão pela qual, em seguida, ela ocupa uma posição paradigmática na filosofia de Platão, já que um dos principais objetivos desta é estabelecer que o conhecimento é a única condição possível do domínio de qualquer atividade.

E essa é a razão da relativa indistinção, em Platão, entre técnica e ciência: a técnica é a ciência, na medida em que supõe o conhecimento do modo como a atividade técnica deve convir a seu objeto. Com a importante ressalva de que a técnica procede do encontro de dois conhecimentos do objeto: o do artesão e o do usuário do objeto. Este último, porque conhece o uso do objeto, deve dar ao artesão o conhecimento do objeto (*Crá.*, 390b). Assim, o uso comanda a produção, e é preciso distinguir técnicas de produção (fabricar uma flauta) e técnicas de uso (tocar flauta), estando as primeiras subordinadas às segundas. Logo, a técnica não é simplesmente redutível apenas às atividades de produção, como afirmarão Aristóteles e muitos autores modernos depois dele, mas tampouco se limita à atividade prática de sua aplicação: abarca também a condição dessa atividade (o conhecimento do objeto). Por isso o modelo técnico pode ser proveitosamente empregado para caracterizar os meios de bem conduzir a própria vida (ética) ou de bem governar a vida comum (a política). Nesses dois campos de atividade, a excelência será alcançada por um conhecimento de uma natureza (do homem, da cidade) e dos meios apropriados para o cuidado dela. Isso posto, a especificidade das técnicas é também o limite do modelo que elas propõem. Pois seus objetos são sensíveis, ou seja, cambiantes, e a determinação das regras de sua produção, cuidado ou uso não basta para conhecê-los como tais. Por outro lado, faz-se necessário um saber de seu ordenamento relativo: como dispor as técnicas umas em relação às outras, quais desenvolver, quais descartar? São questões a um só tempo de ordem epistemológica (uma técnica é produção ou uso de um objeto único) e de ordem política (que técnicas devem ser praticadas numa cidade). A prática das técnicas deve, pois, estar fundamentada em um conhecimento do conjunto da realidade e, em seguida, elas devem ser dispostas umas em relação às outras num sistema de atividades: esta será a tarefa conjunta de um conhecimento do real e de um governo da cidade, aquela exercida pelo dirigente e sábio dialético (*Eut.*, 291c-d). O paradigma técnico deverá então ceder lugar à definição de uma verdadeira ciência.

*** A técnica designa uma prática que se distingue dos procedimentos ou das habilidades devido a sua estabilidade: pode ser repetida e ensinada, pois repousa sobre a codificação de regras estabelecidas em conclusão de um raciocínio causal, cuja produção pode ser objeto de uma avaliação racional. Por isso desempenha a função de paradigma das atividades humanas nos diálogos.

Ver: Conhecimento, Episteme, Homem, Virtude.

Textos: *Apo.*, 21e-22c; *Crá.*, 388b-390d; *Eut.*, 291b-292d; *Gór.*, 454c-466a; *Pol.*, 279a-283b, depois 308b-311c (a técnica política); *Rep.*, I, 341d-342d, depois VII, 521c-522c.

Virtude

Gr.: *Areté*/ἀρετή – Fr.: *Vertu*

* A virtude é a excelência na função própria. Já que cada coisa, ou seja, cada objeto assim como cada ser vivo tem uma ou mais funções, a virtude consiste no fato de exercer perfeitamente essa função. Assim, a virtude de uma tesoura será cortar, a de um olho ver e as do homem saber, ser corajoso e conseguir dominar seus desejos. E a definição da virtude, bem como sua posse, resultará do conhecimento da natureza do objeto ou do vivente, quer se trate do homem ou da cidade, do conhecimento de sua ou de suas funções.

** A definição platônica da virtude, como destaca a análise que dela faz o livro IV da *República* (examinando-a na cidade e depois no indivíduo, 427e-444a), não é exclusivamente antropológica. A *areté* se diz da excelência de uma função, seja qual for o sujeito dessa função. Dessa maneira, todo objeto técnico tem uma virtude, assim como todo ser vivo. Portanto, o termo "virtude" não qualifica somente a excelência do caráter ou da conduta em circunstâncias precisas, ele também designa a perfeição de uma atividade, seja ela qual for. Há aí um deslocamento e uma extensão consideráveis de um termo que os gregos reservavam para a nobreza da conduta, do caráter (*êthos*), particularmente na ordem da coragem guerreira. Portanto, o uso antropológico e ético do termo, que hoje também é o do termo "virtude", é abandonado por Platão em proveito de um significado ao mesmo tempo mais vasto (toda função pode ser virtuosa) e mais preciso: a virtude é a coisa benfeita. O conceito de virtude é assim forjado mediante o paradigma técnico de um bom uso e de uma bela obra para dar uma resposta definitiva a uma questão que permanece, ela sim, ética e política. A questão ateniense à qual Platão pretende responder é a do aprimoramento de si: como se tornar melhor?

Se, como Platão faz, a virtude não é deduzida do nascimento ou da natureza, se a riqueza ou boas disposições físicas e psíquicas não bastam para tornar um homem bom e belo (um *kalós kagathós*), então a excelência deve ser o resultado de certo exercício, de uma conduta. Em que fundamentar, qual pode ser o critério da virtude e como adquiri-la? A essas perguntas, que são de ordem ética e política, os diálogos dão sempre uma única e mesma resposta: a posse de um saber é que dá à virtude seu *status*. A excelência ética é uma excelência cognitiva, ser excelente nada mais é que saber como sê-lo. Esses são em parte os efeitos da concepção técnica do conceito de excelência: qualquer que seja a função ou a atividade considerada, a excelência repousa sempre sobre um saber prévio, quer se trate de salvar um amigo num campo de batalha ou de construir uma armadura. A virtude nada mais é que a consequência de um certo saber (*Laq.*, 190a ss.). É isso que Sócrates defende contra os sofistas, esses preceptores tagarelas que pretendiam, precisamente, "ensinar a virtude" de tal modo que seus alunos soubessem administrar suas casas e governar sua cidade. Se a virtude supõe um saber, passará a ser possível perguntar aos sofistas, bem como aos outros professores de virtude, o que ensinam e o que dispensam para eventualmente desacreditá-los (*Gór.*, 520a-e). Contudo, ainda é preciso contrapor-lhes uma definição da excelência ética e política, designando as virtudes que permitem ao homem realizar perfeitamente as funções que lhe são próprias. O princípio disso é assim resumido por Sócrates: "A virtude de cada coisa consiste num ordenamento e numa disposição feliz resultante da ordem" (*Gór.*, 506d).

Dos primeiros diálogos até a exposição acabada da *República*, Platão forja a lista das quatro virtudes ditas "cardinais", que definem a excelência respectiva das quatro principais disposições humanas, a que os diálogos se aterão em seguida. Em primeiro lugar está a temperança (*sophrosýne*), que é ao mesmo tempo uma capacidade de bem julgar, um bom senso, e um autodomínio que adota sobretudo a forma de um domínio dos prazeres; depois, a coragem (ou virilidade, *andreía*), que é uma capacidade de julgar perigos temíveis; e a sabedoria (*sophía*), que é a excelência do conhecimento. Enfim, a justiça pode ser definida como a quarta virtude que acompanha o exercício exclusivo, de cada um, de sua função própria; ela é a virtude que significa o perfeito ordenamento das partes num todo: na alma humana, das três funções psíquicas (alma racional, irascível e apetitiva), e na cidade, dos três grupos funcionais (os governantes, os guardiões e os artífices). Como se nota, é a reunião das quatro virtudes, ou melhor, dessas quatro "partes" da virtude, que tornam o homem e a cidade propriamente virtuosos. O fato de que se possa, assim, comparar e identificar a virtude humana e a virtude cívica não surpreende quando se constata que cada uma das partes da virtude é concebida como uma relação, a relação que uma parte mantém com o todo nos limites do qual ela exerce sua função. A excelência ética é imediatamente política na medida em que se realiza por definição numa comunidade. Nisso insiste a *República* quando define a justiça como o vínculo que permite harmonizar o diferente, unificar uma multiplicidade (IV, 443c-e). Também o é na medida em que, se a virtude é um conhecimento, deve poder ser ensinada ao conjunto da cidade. De tal forma que a política se vê investida da tarefa de melhorar o conjunto dos cidadãos, de tornar possível a vantagem deles (*Mên.*, 98c-100c).

*** A força do argumento platônico, por vezes qualificado de intelectualista (saber o que é o bem é fazer o bem), foi ter subordinado a virtude ao saber, a fim de forjar um conceito de excelência que pudesse ser uma norma de conduta e de avaliação das condutas estável e ao mesmo tempo passível de ser ensinada. Escapar da vacuidade do debate opinativo sobre o que é bom, justo ou virtuoso só era possível com a condição de poder nomear uma conduta *verdadeiramente* boa, instituindo uma ética da verdade. A ética e a política são lugares de verdade.

Ver: Alma, Prazer, Técnica.

Textos: *Gór.*, 506c-507e (sobre a temperança e a justiça); *Laq.*, 190c-199e (sobre a coragem e sobre a unidade da virtude); *Lei.*, I, 629a-636e (a virtude é a finalidade da legislação); *Pro.*, 329b-331a (unidade e multiplicidade da virtude), depois 338e-347a (sobre o vínculo saber-virtude); *Rep.*, IV, 427e-444a.

Vivente

Gr.: *Zôon*/ζῷον – Fr.: *Vivant*

* Um ser vivo é um corpo animado. É a presença de uma alma num corpo que define o vivente. Portanto, todas as coisas sensíveis dotadas de uma alma e de um corpo são viventes, dos vegetais ao mundo como um todo.

** A vida é o resultado de uma encarnação, da animação de um corpo (*Fed.*, 246c). O ser vivo é um corpo composto cuja alma é capaz de realizar certas funções (motoras, desejantes, inteligentes). Diversidade das funções psíquicas e diversidade dos elementos constituintes assim como das funções do corpo fazem do ser vivo uma realidade múltipla. É o comportamento do vivente que possibilita, durante uma vida, associar esses diferentes elementos no exercício de certas funções. A explicação biológica (a "zoologia") platônica é teleológica: um vivente é uma organização funcional, uma capacidade de exercer uma ou mais funções. Quando o corpo, mortal, já não tem condições de exercer suas funções (de nutrição, de reprodução e de defesa), o vivente morre, o que significa que a alma, imortal, se separa do corpo.

A vida consiste, pois, numa organização provisória e funcional, que pode ser modificada pelas circunstâncias. Isso é o que possibilitam, particularmente, a domesticação e a educação, duas formas em última instância semelhantes de formação da vida (formação que melhor se exerce sobre indivíduos jovens, *Lei.*, VI, 765d-766a). Princípio de vida, a alma é também o sujeito dessa educação; é a aptidão da alma para ordenar suas próprias funções e para cuidar do corpo que permite distinguir os viventes. O vivente total que é o mundo é um corpo cujos movimentos são apenas aqueles, circulares, de sua alma; quanto à alma do mundo, ela exerce tão somente sua função intelectiva. O vivente perfeito, segundo Platão, é uma esfera que gira sobre si mesma pensando. No seu centro terrestre e no fundo do mar, vivem peixes e crustáceos, incapazes de exercer seu intelecto. Em suma, é o exercício das funções da alma que pode servir para distinguir e para hierarquizar as espécies. Quanto mais um vivente pode pensar, melhor ele é; o que significa, por exemplo, nos mitos escatológicos que evocam a transmigração das almas, que a alma de um homem que viveu uma vida ruim irá se reencarnar em mulher e depois, se as coisas piorarem, em animal terrestre e, por fim, entre os mais tolos dos viventes, em animal aquático (*Tim.*, 92b). Essa hierarquia no reino animal, além da função de classificação zoológica que desempenha, tem por finalidade estabelecer que o exercício das funções psíquicas compõe a unidade de todos os viventes.

O mundo dos viventes constitui, em Platão, um vasto sistema hierarquizado e separado por dois cortes, um na sua parte superior e o outro na sua parte inferior. Os deuses e os daimons são dotados de uma alma parecida com a de todos os outros viventes (com exceção das plantas) e de um corpo, sobre cuja composição Platão não é muito preciso, salvo no tocante ao corpo dos astros que é feito de fogo. Isso posto, os deuses e os *daímons* se distinguem dos homens e de todos os outros viventes pelo fato de serem imortais: é certo que têm uma origem, mas não conhecerão a morte. A transmigração da alma humana está submetida a ciclos de dez mil anos (*Fed.*, 247e-249b). No primeiro milênio, a alma humana, que não habita nenhum corpo, acompanha os deuses e os *daímons* mais além da esfera em que consiste o universo para contemplar as formas inteligíveis. Em função da qualidade de sua contemplação, as almas que se encarnam no segundo milênio exclusivamente em corpos de machos estão associadas a corpos que se distribuem conforme a tripartição funcional. No terceiro milênio (*Tim.*, 91d-92c), as mesmas almas podem se reencarnar em função de sua existência anterior, seja, portanto, numa mulher, seja numa espécie animal (as espécies distinguem-se segundo o uso que cada um faz de seu intelecto). No nível mais baixo dessa hierarquia psíquica dos viventes acham-se as plantas, dotadas apenas de uma única espécie de alma, a espécie apetitiva (*epithymía*). Em princípio, as plantas foram fabricadas para fornecer ao homem seu alimento. Num mundo em que a metensomatose afeta todos os seres vivos com exceção das plantas, o vegetarianismo se impõe: comer um animal que vive no céu, na terra ou na água constitui em si um ato de canibalismo.

No ser humano e em todos os outros viventes com exceção das plantas, a alma está implantada na medula, a do cérebro e a da coluna vertebral. Essa medula está protegida por ossos, protegidos por sua vez por carne, pelos e unhas e articulados graças a tendões. A carne e os ossos são fabricados a partir do sangue que circula no conjunto do corpo, ele mesmo produzido pela decomposição do alimento vegetal sob efeito do fogo obtido pelo processo da respiração. Nesse contexto, somente a saúde do corpo permite um bom funcionamento da alma. Quando é novamente encarnada, a alma vê-se sacudida por inúmeros movimentos devidos ao afluxo de sensações e de alimentos que assaltam o corpo de todos os lados; por isso a infância pode ser considerada a parte selvagem de uma vida. Mas, à medida que o tempo passa, a situação se estabiliza e se instaura a calma. Então, por exemplo, o ser humano pode se entregar à faculdade intelectiva e dar, assim, à sua existência a excelência que é a garantia de uma boa encarnação posterior.

*** Embora fosse considerado no *Fédon* um obstáculo ao pensamento, ao conhecimento, o corpo é associado à alma na definição do vivente proposta nos últimos diálogos, particularmente o *Timeu*. A vida é certa relação da alma com o corpo, o exercício conjunto e equilibrado de suas respectivas funções.

Ver: Alma, Corpo, Sensível.

Textos: *Fed.*, 247e-249b; *Tim.*, 42e-43c, depois 91d-92c.

BIBLIOGRAFIA

Introduções ao conjunto dos diálogos de Platão

Cherniss, H., *Selected Papers* (coletânea de artigos), Leiden, Brill, 1977.
Diès, A., *Autour de Platon* (1926), Paris, Belles Lettres, 1972².
Dixsaut, M., *Le naturel philosophe, essai sur les dialogues de Platon*, Paris, Vrin, 1995².
Friedländer, P., *Plato. The Dialogues* (1928-1930, depois 1957²), trad. ingl. H. Meyerhoff, versão corrigida e aumentada de *Platon: Die Platonischen Schriften*, Nova York, Bollingen Foundation, 1964, 3 volumes.
Goldschmidt, *Les dialogues de Platon*, Paris, PUF, 1947. [Trad. bras. Macedo, Dion. *Os diálogos de Platão: estrutura e método dialético*. São Paulo: Loyola, 2002.]
Robin, L., *Platon*, Paris, PUF, 1935 (depois reeditado em formato bolso, coleção "Quadrige", PUF, 1997). Tradução portuguesa de Monteiro, A. C. *Platão*. Lisboa, Editorial Inquérito, 1943.

Dialética, diálogo, mito

Brisson, L., *Platon, les mots et les mythes* (1982), Paris, La Découverte, 1994². Trad. esp. Calvo, J. M. Z. *Platón, las palabras y los mitos*. Madri: Abada, 2005.
Laborderie, J., *Le dialogue platonicien de la maturité*, Paris, Les Belles Lettres, 1978.
Robinson, R., *Plato's Earlier Dialectic* (1941), reimpressão da 2.ª edição (1953), Nova York, Garland, 1980.

Sobre o conhecimento

Canto-Sperber, M. (org.), *Les paradoxes de la connaissance. Essais sur le Ménon de Platon*, Paris, Odile Jacob, 1991.

Festugière, A.-J., *Contemplation et vie contemplative chez Platon* (1936), Paris, Vrin, 1995⁴.
Lafrance, Y., *La théorie platonicienne de la doxa*, Montreal, Bellarmin/Paris, Les Belles Lettres, 1981.
Morel, P.-M. (org.), *Platon et l'objet de la science*, Bordeaux, Presses Universitaires de Bordeaux, 1996.
Pradeau, J.-F. (org.), *Platon: les formes intelligibles*, Paris, PUF, 2001.

Sobre a moral e a política

Irwin, T. H., *Plato's Moral Theory*, Oxford, Oxford University Press, 1997².
Pradeau, J.-F., *Platon et la cité*, Paris, PUF, 1997.
Vlastos, G., *Socrate, ironie et philosophie morale* (1991), traduzido do inglês por C. Dalimier, Paris, Aubier, 1994.

Sobre o mundo sensível

Anton, J.-P. (org.), *Science and the Sciences in Plato*, Nova York, Caravan books, 1980.
Brisson, L., *Le même et l'autre dans la structure ontologique du* Timée *de Platon* (1974), Sankt Augustin, Academia Verlag, 1995².
Fronterotta, F., *METHEXIS La teoria platonica delle idee e la partecipazione delle cose empiriche. Dai dialoghi giovanili al* Parmenide, Pisa, Edições da Scuola Normale Superiore, 2001.
Joubaud, C., *Le corps humain dans la philosophie platonicienne*, Paris, Vrin, 1991.
Robin, L., "Études sur la signification et la place de la physique dans la philosophie de Platon", *Revue philosophique*, LXXXVI, set.-out. 1918.
Vlastos, G., *Plato's Universe*, Oxford, Clarendon Press, 1989. [Trad. bras. *Universo de Platão*, Brasília, UnB, 1975.]

LISTA DOS TERMOS EM PORTUGUÊS

Alma 11
Belo 14
Bem 16
Causa 19
Cidade 22
Ciência 25
Conhecimento 25
Corpo 28
Deus, divino 31
Dialética 33
Episteme 36
Filosofia 39
Forma inteligível 41
Homem 44
Matemática 47
Mito 50
Mundo 53
Natureza 56
Participação 59
Prazer 62
Sensação 65
Sensível 67
Técnica 70
Virtude 72
Vivente 75

LISTA DOS TERMOS EM GREGO

Agathón/ἀγαθόν 16
Aísthesis/αἴσθησις 65
Aisthetón/αἰσθητόν 67
Aitía/αἰτία 19
Ánthropos/ἄνθρωπος 44
Areté/ἀρετή 72
Dialektiké/διαλεκτική 33
Diánoia/διάνοια 25
Dóxa/δόξα 25
Eikasía/εἰκασία 25
Eîdos/εἶδος 41
Epistéme/ἐπιστήμη 25, 36
Hedoné/ἡδονή 62
Idéa/ἰδέα 41
Kalós/καλός 14
Kósmos/κόσμος 53
Mathematikê/μαθηματική 47
Méthexis/μέθεξις 59
Mŷthos/μῦθος 50
Nóesis/νόησις 25
Ouranós/οὐρανός 53
Philosophía/φιλοσοφία 39
Phýsis/φύσις 56
Pístis/πίστις 25
Pólis/πόλις 22
Psykhé/ψυχή 11
Sôma/σῶμα 28

Tékhne/τέχνη 70
Theîon/θεῖον 31
Theós/θεός 31
Tò pân/τό πᾶν 53
Zôon/ζῷον 75

LISTA DOS TERMOS EM FRANCÊS

Âme	11
Beau	14
Bien	16
Cause	19
Cité	22
Connaissance	25
Corps	28
Dialectique	33
Dieu	31
Divin	31
Forme intelligible	41
Homme	44
Mathématique	47
Monde	53
Mythe	50
Nature	56
Participation	59
Philosophie	39
Plaisir	62
Science	36
Sensation	65
Sensible	67
Technique	70
Vertu	72
Vivant	75

ÍNDICE REMISSIVO

Os termos que figuram na coluna da esquerda são evocados ou definidos nos verbetes listados na coluna da direita.

Cosmologia	Causa, Matemática, Mundo, Mito, Sensível
Coragem (*andreía*/ἀνδρεία)	Bem, Virtude
Demiurgo (*demiourgós*/δημουργός)	Cidade, Mundo, Mito, Participação
Divisão (*diaíresis*/διαίρεσις)	Dialética
Educação (*paideía*/παιδεία)	Alma, Cidade, Conhecimento
Episteme (*epistéme*/ἐπιστήμη)	Conhecimento, Virtude
Ética	Bem, Forma inteligível, Mundo, Sensível
Felicidade (*eudaimonía*/εὐδαιμονία)	Bem, Prazer
Física	Causa, Matemática, Mito, Sensação, Sensível
Imitação (*mímesis*/μίμησις)	Forma inteligível, Sensível
Intelecção (*nóesis*/νόησις)	Alma, Conhecimento, Forma inteligível, Episteme
Justiça (*dikaiosýne*/δικαιοσύνη)	Bem, Cidade, Virtude
Lei (*nómos*/νόμος)	Alma, Cidade, Natureza, Virtude
Matemática	Conhecimento, Mundo, Episteme, Sensível
Movimento (*kínesis*/κίνησις)	Alma, Mundo, Sensação, Sensível
Opinião (*dóxa*/δόξα)	Conhecimento, Episteme, Sensação
Paradigma (*parádeigma*/παράδειγμα)	Dialética, Técnica

Pensamento discursivo (*diánoia*/ διάνοια)	Conhecimento, Matemática, Episteme
Política	Bem, Cidade, Sensível
Princípio (*arkhé*/ ἀρχή)	Alma, Bem, Causa
Razão e discurso (*lógos*/λόγος)	Causa, Conhecimento, Dialética, Sensação, Sensível
Realidade	Causa, Forma inteligível
Refutação (*élenkhos*/ἔλεγχος)	Dialética, Matemática
Reminiscência (*anámnesis*/ ἀνάμνησις)	Alma, Conhecimento, Forma inteligível, Sensação
Saber ou sabedoria (*sophía*/σοφία)	Conhecimento, Deus, Filosofia, Virtude
Sofista	Conhecimento, Virtude
Temperança (*Sophrosýne*/ σωφροσύνη)	Bem, Virtude
Verdade (*alétheia*/ ἀλήθεια)	Conhecimento, Forma inteligível, Episteme